大学日语
阅读教程

曲佳子 主编

中国·武汉

内 容 提 要

《大学日语阅读教程》是一本专为提升大学日语学习者阅读能力而精心编纂的教材。本书围绕大学日语四、六级考试的要求和考点，选取四十五篇具有代表性的阅读材料，内容涵盖生活、文化、科技、社会等各个方面，旨在拓宽学生的阅读视野，帮助学生提升日语阅读理解能力和语言素养。

本教材循序渐进，实用性强。通过"基础篇、进阶篇、提高篇"逐步提升学生的日语阅读能力。每篇阅读均配有详尽的词语解析、语法解析和参考译文，可帮助学生扫清阅读障碍，提升语言水平。同时，本书特别设计了大学日语四、六级考试中的同类练习题，旨在通过实战演练，帮助学生巩固所学知识，为取得优异的成绩打下基础。

图书在版编目(CIP)数据

大学日语阅读教程 / 曲佳子主编. -- 武汉：华中科技大学出版社，2024.8.
ISBN 978-7-5772-1030-8
Ⅰ. H369.4
中国国家版本馆 CIP 数据核字第 2024DJ9806 号

大学日语阅读教程　　　　　　　　　　　　　　　　　　　　　　曲佳子　主编
Daxue Riyu Yuedu Jiaocheng

策划编辑：肖丽华	
责任编辑：刘　平	
封面设计：原色设计	
版式设计：赵慧萍	
责任校对：张汇娟	
责任监印：周治超	
出版发行：华中科技大学出版社（中国•武汉）	电话：(027) 81321913
武汉市东湖新技术开发区华工科技园	邮编：430223
录　　排：华中科技大学出版社美编室	
印　　刷：武汉开心印印刷有限公司	
开　　本：787mm×1092mm　1/16	
印　　张：16	
字　　数：380 千字	
版　　次：2024 年 8 月第 1 版第 1 次印刷	
定　　价：58.00 元	

本书若有印装质量问题，请向出版社营销中心调换
全国免费服务热线：400-6679-118　竭诚为您服务
版权所有　侵权必究

前　言

随着我国日语人才需求不断增长，大学日语四、六级考试作为衡量学生日语水平的重要标准，其重要性日益凸显。其中，阅读作为大学日语四、六级考试的重要组成部分，不仅考查学生的语言理解能力，还检验其跨文化交际能力。随着中日关系深入发展，高考日语冲上热搜榜，越来越多的学生选择学习日语，通过日语参加高考，并在大学期间希望通过大学日语四、六级考试来检验自己的学习效果。然而，由于考试内容广泛、难度较高，许多学生在备考过程中感到力不从心。特别是阅读部分，由于文章题材多样、语言难度大，往往成为学生失分的主要原因。目前市面上面向日语专业的阅读教程相对较多，针对大学日语的阅读教程则相对较少，针对大学日语四、六级考试的特点和难点进行设计和编写的学习资料更加罕见。因此，笔者希望通过《大学日语阅读教程》，帮助众多非日语专业的学生更好地了解考试要求，掌握阅读技巧，提高阅读速度和准确度，助力他们在大学日语四、六级考试中取得优异的成绩。

笔者近年来深入研究了大学日语四、六级考试的大纲和历年真题，分析了考试的题型、难度和考点。同时，也对学生的学习需求和备考难点进行了调研和分析。基于这些研究和分析结果，确定了选题的范围和难度，精心挑选了四十五篇具有代表性、针对性强的阅读材料，并按照难度分为"基础篇、进阶篇、提高篇"三个板块，逐步提升学生的日语阅读能力。

《大学日语阅读教程》有以下特色。

解析详尽：本书对每篇阅读文章都进行了详尽解析，包括词汇、语法、译文等方面。这样能够帮助学生更好地理解文章内容，掌握阅读技巧。

题型类似：本书特别设计了与大学日语四、六级考试同类的练习，这些练习紧扣考试要点，能够让学生在练习过程中更好地了解考试题型和难度，为考试做好充分的准备。

实用性强：本书注重实用性和针对性，旨在帮助学生提高大学日语阅读能力和应试技巧。无论是备考大学日语四、六级考试还是日常阅读学习，本书都能为读者提供有效的帮助。

阅读不仅是一种技能，更是一种享受。希望通过本书，读者能够在轻松愉快的氛围中逐步提升日语阅读能力，感受到日语学习的乐趣。同时，我们也期待读者在阅读过程中不断思考、探索，将所学知识运用到实际生活中，实现日语学习的真正价值。

最后，要感谢所有参与本书编写、校对、出版的同事和朋友们，是你们的辛勤付出，才使得本书能够呈现在读者面前。同时，我们也诚挚地希望广大读者在阅读后提出宝贵的意见和建议，以便我们今后对此书不断完善。

愿《大学日语阅读教程》成为大家日语学习路上的良师益友，陪伴各位一起领略日语世界的精彩与魅力。

曲佳子
2024 年 3 月

目次／目录

文法関連の記号一覧／常用语法记号一览 1

基础篇
読解/阅读 1 3
読解/阅读 2 7
読解/阅读 3 13
読解/阅读 4 18
読解/阅读 5 23
読解/阅读 6 27
読解/阅读 7 34
読解/阅读 8 41
読解/阅读 9 46
読解/阅读 10 51
読解/阅读 11 58
読解/阅读 12 65
読解/阅读 13 69
読解/阅读 14 75
読解/阅读 15 80
読解/阅读 16 85
読解/阅读 17 89
読解/阅读 18 93
読解/阅读 19 96
読解/阅读 20 100
読解/阅读 21 104
読解/阅读 22 113
読解/阅读 23 118
読解/阅读 24 122
読解/阅读 25 126

进阶篇
読解/阅读 26 134

読解/阅读 27 137
読解/阅读 28 144
読解/阅读 29 149
読解/阅读 30 155
読解/阅读 31 159
読解/阅读 32 164
読解/阅读 33 171
読解/阅读 34 177
読解/阅读 35 183
読解/阅读 36 190
読解/阅读 37 194
読解/阅读 38 198
読解/阅读 39 204
読解/阅读 40 210

提高篇

読解/阅读 41 215
読解/阅读 42 220
読解/阅读 43 225
読解/阅读 44 230
読解/阅读 45 235

练习参考答案 241

参考文献 249

文法関連の記号一覧／常用语法记号一览

（1）名词

N：名词、名词句（例：人、花火、太陽、朝読んだ小説、彼に出会ったこと）

（2）形容动词

Na：形容动词词干（例：きれい、好き、便利）

（3）形容词

A：形容词的简体形式（例：高い、高くない、高かった）

A-：形容词词干（例：高、親し、おもしろ）

A-い：形容词词典形（例：高い、親しい、おもしろい）

A-く：形容词连用形（例：高く、親しく、おもしろく）

A-くない：形容词否定形（例：高くない、親しくない、おもしろくない）

A-くて：形式词て形（例：高くて、親しくて、おもしろくて）

A-かった：形容词た形（例：高かった、親しかった、おもしろかった）

A-ければ：形容词ば形（例：高ければ、親しければ、おもしろければ）

（4）动词

V：动词的简体形式（例：見る、見ない、見た）

V_R -：动词连用形（例：買い、見、来、し）

V - る：动词词典形（例：買う、見る、来る、する）

V - た：动词た形（例：買った、見た、来た、した）

V - ない：动词否定形（例：買わない、見ない、来ない、しない）

V - て：动词て形（例：買って、見て、来て、して）

V - ば：动词ば形（例：買えば、見れば、来れば、すれば）

基 礎 篇

次の文章を読んで、質問に答えなさい。答えはABCDの中から一番いいものを１つ選びなさい。/阅读下列文章，回答问题，请从 ABCD 中选出最佳答案。

読解/阅读 1

多くの動物が暮らす緑豊かな山があった。ある日そこへ雷が落ち、山火事になった。火はあっという間に燃え広がり、山は赤く燃え上がった。動物たちは仕方なく燃える山を見ていた。

「もう何もかも燃えてしまった。終わりだ。」

「住む場所がなくなって、これからどうしよう。」

動物たちは口々にそう言い、がっかりしてしまった。

（ア）１匹だけ一生懸命消火活動をしている動物がいた。ハチドリだった。動物たちは彼女を笑った。指を指してばかにした。

「今になって『そんなこと』をして何になる？意味のないことを。」

「おまえの口で運べる一滴の水じゃ、火の粉さえ消せない。」

するとハチドリは静かに、しかし強く言った。「わたしは、わたしのできることを、しているだけ。」結局山は全焼し、黒くなってしまった。しかしハチドリが消火活動をしたところだけは黒くならず、そこには１輪の花が咲いていた。

他の動物たちは、自分たちの愚かさに気づき、恥ずかしくなった。誰もハチドリをばかにする権利などなかったのだ。いや、むしろできることをしなかった自分たちのほうが、笑われるべきものだったのかもしれない。

その後、動物たちはみんなで協力して山に木を植えた。

山はだんだん緑が増えていき、やがて美しい山となったのだった。

1. 文中に「がっかりしてしまった」とあるが、その理由はどれか。
A. 山が黄色に燃え上がったから　　　　　B. 雷が落ちてびっくりしたから
C. 何もかも燃えてしまったから　　　　　D. 仕方なく燃える山を見ていたから

2. 文中の（　ア　）に入れるのに最も適当なものはどれか。
A. やはり　　　　　　　　　　　　　　　B. しかし

C. たとえば　　　　　　　　　　　　D. それから

3. 文中の「そんなこと」が指すのはどれか。

A. 消火活動をしていること　　　　　B. 意味のないことをすること

C. 動物たちが口々に言うこと　　　　D. 指を指してばかにしたこと

4. 文中の「恥ずかしくなった」の理由はどれか。

A. 山が黒くなったから

B. ハチドリをばかにしてよかったから

C. 消火活動をしたハチドリを笑ったから

D. ハチドリをばかにする権利があるから

5. この文章にテーマをつけるなら、最も適当なものはどれか。

A. 黒くなった山　　　　　　　　　　B. ばかなハチドリ

C. 愚かな動物たち　　　　　　　　　D. ハチドリの一滴

（2017 高考日语阅读）

词语解析

燃え上がる④　烧起来；激动，高涨（情绪）

仕方無い④　没办法，只好

何もかも①+①　一切，全部

口々②　一致地（说）

がっかり③　失望，灰心

ハチドリ②　蜂鸟

ばか①　愚蠢，笨蛋

火の粉①　小火花，火星子

すると⓪　然后，接着，就在那时

全焼⓪　全部烧毁

一輪②　一朵

愚か①　愚蠢，傻，笨

恥ずかしい④　不好意思，难为情

むしろ① 与其……不如，反倒
やがて⓪ 结果，最终

语法解析

～じゃ／では

[意思]

接在手段、基准、时间、场所等名词后，表示"以那样的手段、基准、时间、场所的话"的意思。那……，那样的话。

[接续]

N ＋ じゃ／では

[例句]

・おまえの口で運べる一滴の水じゃ、火の粉さえ消せない。（用你的嘴运来的一滴水，连小火星都灭不了。）
・これだけじゃ、全然だめだ。（只这样的话，完全不行。）
・人は外見では判断できない。（人是无法从外表判断的。）
・この仕事は1日では終わらない。（这工作1天是完不成的。）

～だけ

[意思]

表限定，除此之外别无其他。仅，只有……。

[接续]

N（＋助词）＋ だけ

Naな ＋ だけ

A/V ＋ だけ

[例句]

・1匹だけ一生懸命消火活動をしている動物がいた。（只有一只动物在拼命灭火。）
・わたしは、わたしのできることをしているだけ。（我只是在做我能做的事。）
・しかしハチドリが消火活動をしたところだけは黒くならず、そこには1輪の花が咲いていた。（但蜂鸟灭火的地方没有变黑，那里还开着一朵花。）

- ここは飲み放題なので、飲みたいだけ飲んでください。（这里饮料不限，请随便喝。）

- できるだけ、毎日日本のドラマを見て日本語を勉強している。（尽可能每天看日剧学习日语。）

- ここは便利なだけ、環境はあまり良くない。（这里只是方便，环境并不太好。）

～べきだ

[意思]
表示这样做比较好或这样做是理所当然的。应当……，理应……。
[接续]
N/Na である ＋ べきだ
A-く ある ＋ べきだ
V-る ＋ べきだ
＊する → すべきだ
[例句]

- いや、むしろできることをしなかった自分たちのほうが、笑われるべきものだったのかもしれない。（或许，应该嘲笑的是那些没有尽其所能的人。）

- 遅刻する場合は、早めに連絡するべきだ。（如果您要迟到了，应该尽早联系。）

- 健康のために、毎日野菜をもっと食べるべきだ。（为了健康，应该每天吃更多蔬菜。）

- 目上の人と話すときは、きちんと敬語を使うべきだ。（和长辈说话的时候，应该好好地使用敬语。）

练 习

以下の言葉や文法を使って、1つの文を作りなさい。/请用下列词汇和短语造句。

1. 教科書・だけ・足りる（～じゃ/では）

2. 昨夜・1時間・勉強する（～だけ）

3. 他人・迷惑・かける（〜べきだ）

有一座大山郁郁葱葱，上面住着很多动物。一天，闪电击中那里，引发了山火。火势很快蔓延开来，把山烧得通红。动物们无奈地看着燃烧的山。

"什么都烧掉了，完了。"

"没地方住了，今后怎么办？"

动物们接二连三地说着，非常失落。

只有一只动物在拼命灭火。原来是蜂鸟。动物们都取笑她，指着它嘲讽。

"事到如今还做这种事，有什么用？毫无意义。"

"用你的嘴含来的一滴水，连小火星都灭不了。"

蜂鸟平静而坚定地说："我只是在做我能做的事。"结果山全被烧黑了，但蜂鸟灭火的地方没有变黑，那里还开着一朵花。

其他动物都意识到了自己的愚蠢，感到羞愧。谁都没有嘲笑蜂鸟的权利。或许，应该嘲笑的是那些没有尽其所能的人。

那之后，动物们齐心协力在山上种了树。

山上绿意渐增，终于又变成了一座美丽的山。

読解/阅读2

汗は、いろいろな場合に出る。暑い時はもちろんであるが、精神作用の強い場合にも出る。普通、冷汗などと言われているものは<u>後者の汗</u>である。暑い時の汗と精神作用による汗とは、調べてみるとまったく（ ア ）ものであることが分かる。

暑さによる汗は、全身に出るけれども、手のひらと足の裏との2か所だけには出ない。これは、夏に全身から汗の流れ落ちる時でも、手のひらからは汗の流れることのないことからでも分かる。

精神作用による時は、全身には汗が出なくて、手のひらと足の裏と腋の下の3か所に出るのが普通である。

また、汗の出方にも違いがある。全身の汗は、初めは少しずつ出て、だんだんにその量が多くなり、ついには流れ落ちるほどになることもあるが、手のひらなどでは、精神感動があればすぐにぱっと汗が出て、感動が止めばすぐに止む。（ イ ）その量はあまり多くない。

このように、人類の汗は温熱性発汗と精神性発汗の2種類に分けることができるが、運動

の時はこの2種の発汗が同時に現れる場合がある。それは、運動により体が暖まり、また、勝敗を争ったり、記録の更新をしようといったことから、精神が緊張するからである。

1. 文中の「後者の汗」の指すものはどれか。
A. 全身に出る汗　　　　　　　　　B. 暑い時に出る汗
C. 運動の時に出る汗　　　　　　　D. 精神作用による汗
2. 文中の（　ア　）に入れるのに最も適当なものはどれか。
A. 同じ　　　　　　　　　　　　　B. 違った
C. 似ている　　　　　　　　　　　D. 間違った
3. 文中の（　イ　）に入れるのに最も適当なものはどれか。
A. そして　　　　　　　　　　　　B. すると
C. つまり　　　　　　　　　　　　D. あるいは
4. 文中に「2種の発汗が同時に現れる」とあるが、その理由はどれか。
A. 運動すれば体が暖まるから
B. 運動すれば汗が出やすいから
C. 運動が激しければ精神が緊張し、勝敗がつくから
D. 運動により体が暖まり、また、精神が緊張するから
5. 精神性発汗の特徴に合っているものはどれか。
A. 体のどの部分にも出る
B. 全身に少しずつ出て、だんだん流れ落ちる
C. 限られたところにぱっと出て、すぐ止み、量が多くない
D. 初めは少しずつ出るが、だんだん流れ落ちるほどになる

（2014 高考日语阅读）

词语解析

もちろん②　当然，不必说

手のひら①　手掌，手心

裏②　背面，反面

〜箇所①　部分，地方

流れ落ちる⑤　流出，流落

脇②　腋下，胳肢窝

出方②③ 出法（汗）

少しずつ④ 一点点地

ついに① 终于，最后，最终

ぱっと① 突然，一下子

止む⓪ 停止，中断

争う③ 争夺

语法解析

～はもちろん

[意思]
列举出当然包括在内的具有代表性的事物，再列举出同一范畴的其他事物时使用该句型。……自不必说，……就不用说了。

[接续]
N ＋ はもちろん

[例句]

・暑い時はもちろんであるが、精神作用の強い場合にも出る。（天气热的时候就不必说了，精神紧张的时候也会出汗。）

・日本語学校では、日本語はもちろん、日本の文化や習慣についても教えている。
（在日语学校里，不仅教日语，也会教日本文化和习惯等知识。）

・彼は勉強はもちろん、スポーツも万能だ。（他学习就不用说了，运动也是全能。）

・この居酒屋はお酒はもちろん、料理も美味しい。（这家居酒屋的酒就不必说了，菜也很好吃。）

～とは

[意思]
前接名词，用于陈述其意义、性质、内容是怎样的状况。所谓……就是（即）……。

［接続］
N ＋ とは
［例句］

· 幸せとは、何気ない日常で感じるものだからです。（幸福是在不经意的日常生活中感受到的。）

· 暑い時の汗と精神作用による汗とは、調べてみるとまったく違ったものであることが分かる。（研究发现，热的时候出汗和精神紧张出汗，是完全不同的情况。）

· ノートパソコンとは、個人で使える小型のコンピューターのことだ。（所谓笔记本电脑，就是个人使用的小型计算机。）

· 彼にとって友達とは一体何なのだろうか。（对于他来说，朋友到底是什么？）

· マックとはマクドナルドのことだ。（马克就是麦当劳。）

～てみる

［意思］
为了解某事物而采取实际行动进行确认。试试，看看。
［接続］
V-て ＋ みる
［例句］

· 調べてみるとまったく違ったものであることが分かる。（研究发现，它们是完全不同的情况。）

· サイズが合うかどうか分からないので、着てみます。（不知道尺寸合不合适，要穿一下看看。）

· 美味しいかどうか、食べてみないと分からない。（好不好吃，尝尝看。）

· 一度でいいから海が綺麗な南の島でのんびり過ごしてみたいなあ。（哪怕一次都行，真想在南边小岛上放松一下，那里大海美极了。）

～けれども／けれど／けど／だけど

[意思]
表示转折。虽然……，但是……。

[接续]
N/Na ＋ だけれども/だけれど/だけど
A/V ＋ けれども/けれど/けど

[例句]

- 暑さによる汗は、全身に出るけれども、手のひらと足の裏との2か所だけには出ない。（因为热而流汗，全身都有，只有手掌和脚底这两个地方没有。）

- 外は寒いけれども、家の中は暖かいです。（外面很冷，但家里很暖和。）

- 彼は若いけれども、仕事の経験がある。（他虽然年轻，但有工作经验。）

- お金はあまり持っていないけれども、毎日幸せだ。（虽然没有钱，但每天都很幸福。）

- 納豆は好きだけれども、今日はあまり食べたくないです。（我虽然喜欢纳豆，但今天不太想吃。）

- 料理は上手じゃないけど、好きです。（虽然不擅长料理，但很喜欢。）

- 彼は格好いいんだけど、私のタイプじゃない。（他很帅，但不是我喜欢的类型。）

- もう春だけど、まだ寒い。（已经春天了，但还是很冷。）

あまり～ない

[意思]
表示程度不高。不太……，不怎么……。

[接续]
あまり ＋ Naじゃない/ではない
あまり ＋ A-くない
あまり ＋ V-ない

[例句]

- その量はあまり多くない。（数额不是很大。）

- 休みの日はあまり外に出ない。（休息的日子不怎么外出。）

- この映画はあまり面白くないです。（这部电影不怎么有趣。）

- 平仮名はあまり難しくないですが、片仮名は難しいです。（平假名不太难，但是片假名很难。）

- このあたりはあまり静かじゃありませんね。（这附近不怎么安静呢。）

～により

[意思]
表示原因、理由，是略为生硬的表达方式。由于……，因……；根据……。
[接续]
N ＋ により
[例句]

- それは、運動により体が暖まるからです。（这是因为运动能使身体变暖。）

- スマホの普及により、手紙や年賀状を書く人が減りました。（由于智能手机的普及，写信和贺年卡的人数减少了。）

- 地球温暖化により、様々な問題が起きている。（地球变暖引起了各种各样的问题。）

- 不景気の影響により、物を買う人が減ってしまった。（由于经济不景气，买东西的人少了。）

- 先生の指導により、卒業論文を完成させることができました。（在老师的指导下，毕业论文才得以完成。）

练 习

以下の言葉や文法を使って、1つの文を作りなさい。/请用下列词汇和短语造句。

1. 彼女・顔・性格・いい（～はもちろん）

2. 来日・日本・来る・意味（～とは）

3. 京都・行く・着物・着る（～てみる）

4. お酒・飲む・ワイン（～けれども／けれど／けど／だけど）

5. 一人・１コ・もらう（～ずつ）

6. 寿司・苦手・食べる（～あまり～ない）

7. 人身事故・電車・１時間以上・遅れる（～により）

译文

　　人会在各种情况下出汗。天气热的时候就不必说了，精神紧张的时候也会出汗。通常所说的冷汗等，属于后者。研究发现，热的时候出汗和精神紧张出汗，是完全不同的情况。
　　因为热而流汗，全身都有，只有手掌和脚底这两个地方没有。这很容易知晓：夏天即使全身流汗，手掌心也不会有汗。
　　如果是精神紧张引起的，不会全身出汗，一般是手心、脚底和胳肢窝3处出汗。
　　另外，出汗的方式也有差异。全身出汗是一点点冒出来，然后量逐渐增多，最后甚至会流下来，但是手掌等部位，只要精神紧张就会马上出汗，紧张情绪停止，出汗就会马上止住，出汗量也不大。
　　像这样，人类的汗可分为温热性出汗和精神性出汗两种，但在运动时，这两种出汗可能同时出现。这是因为运动可以让身体变暖，而且为了争胜负或刷新纪录，精神会变得紧张。
　　因此，人体出汗可分为热出汗和精神紧张出汗两种，但这两种形式在运动时可能同时出现。这是因为身体会因运动而发热，精神会因渴望获胜或打破纪录而紧张。

読解/阅读3

　　Ｓ会社は、成人式を迎える若者を対象に、「時」に関するアンケート調査をした。
　　大切な人に「１秒の言葉」を伝えるとしたら、誰に伝えたいか、という質問に対して、男女とも「母」が１位に。最も伝えたい言葉は、「ありがとう」で60％を占めた。普段

なかなか素直に言えない新成人の本当の気持ちが分かる。また自分が言われたい「1秒お言葉」があるとしたら、誰に言われたいか、との質問には、「恋人」が1位で41.5%、言われたい言葉は「好きです」が1位、続いて「友だち」に「ありがとう」が2位となった。

　また、あなたにとって最も価値のある1秒は、誰といっしょにいる時か、と聞いたところ、1位は「1人でいる時間」、2位には「家族といる時間」が入った。誰にも縛られず、（ア）と読み取れる。

　続いて、大人になって、必要な「品物」は何だと思うか、という質問には、「（　イ　）」と答えた人が最も多かった。「時間を大切にしたい」「携帯電話で時間を見るのはマナー違反」などの理由が挙げられた。

　自分が総理大臣だったら、何に最も力を入れるかと聞いたところ、「景気・金融」が1位で、その次は「教育」「医療・福祉」「環境」「少子化」と続く。ニュースで話題になる問題への関心度が高く、将来への不安も読み取れる結果になった。

1. 文中の「本当の気持ち」の指すものはどれか。
A. なかなか素直になれないということ
B. 誰かに自分の気持ちを伝えたいと思うこと
C. 母親に感謝の気持ちでいっぱいであること
D. 自分にとって大切な人は誰か分からないこと
2.「1秒の言葉」について本文の内容に合っているのはどれか。
A. 恋人に好きと言いたい人が最も多い
B. 恋人に好きと言ってほしい人が最も多い
C. 友だちにありがとうと言いたい人が最も多い
D. 恋人や友だちに気持ちを伝えたい人が最も多い
3. 文中の（　ア　）に入れるのに最も適当なものはどれか。
A. 家族といっしょにいる時間を最も大事にしている
B. 家族といっしょにいる時間が最も安心できると思っている
C. 自由な時間が大切だと思う一方、家族と過ごす時間も安心できる
D. 自由な時間より家族といっしょに過ごす時間が大切だと思っている
4. 文中の（　イ　）に入れるのに最も適当なものはどれか。
A. 時計　　　　　　　　　　B. 教育
C. 環境　　　　　　　　　　D. 携帯電話
5.「自分が総理大臣だったら、何に最も力を入れるか」という質問の答えから分かったことは何か。
A. 若者が健康問題に関心を持っていること
B. 若者が社会問題に関心を持っていること
C. 若者が総理大臣に関心を持っていること
D. 若者が友だちの将来に関心を持っていること

（2015 高考日语阅读）

词语解析

アンケート①③ 问卷

最(もっと)も③ 最

素直(すなお)① 老实，淳朴；坦率

縛(しば)る② 束缚，约束

読(よ)み取(と)る③⓪ 看明白，看透，读懂

マナー① 礼节，礼貌

力(ちから)を入(い)れる③＋⓪ 注重，用力，集中

ニュース① 新闻消息，新闻报道

语法解析

～を対象(たいしょう)に

［意思］
以某个事物为对象。
［接续］
N ＋ を対象に
［例句］

- S会社(エスがいしゃ)は、成人式(せいじんしき)を迎(むか)える若者(わかもの)を対象(たいしょう)に、「時(とき)」に関(かん)するアンケート調査(ちょうさ)をした。（S公司以即将迎接成人礼的年轻人为对象，进行了关于"时间"的问卷调查。）

- この本(ほん)は外国人(がいこくじん)を対象(たいしょう)に易(やさ)しく書(か)かれている。（这本书以外国人为对象，写得浅显易懂。）

- このカメラは素人(しろうと)を対象(たいしょう)に作(つく)られているので、操作(そうさ)が簡単(かんたん)で使(つか)いやすいです。（这款相机专为业余爱好者设计，易于操作和使用。）

～に関する／に関して／に関しては

[意思]
表示"有关……""关于……"的意思，是比"～について"稍正式的说法。关于……，有关……

[接续]
N ＋ に関する/に関して/に関しては

[例句]

- S会社は、成人式を迎える若者を対象に、「時」に関するアンケート調査をした。（S公司以即将迎接成人礼的年轻人为对象，进行了关于"时间"的问卷调查。）

- 彼女の新しい小説は、日本文化に関するものだった。（她的新小说是关于日本文化的。）

- 給料に関しては、不満はない。（关于工资，没人不满。）

- 地球温暖化の問題に関して、私たちがしなければならないことは何だと思いますか。（关于全球变暖的问题，你觉得我们必须做的事情是什么呢？）

～に対して

[意思]
表示"向着，根据某事物"等意思，后续对所面向的行为及态度产生某作用。对……，向……。

[接续]
N ＋ に対して

[例句]

- 大切な人に「1秒の言葉」を伝えるとしたら、誰に伝えたいか、という質問に対して、男女とも「母」が1位に。（如果只有1秒钟的说话机会，你会对谁说？关于这个问题，男性和女性最常见的答案都是"母亲"。）

- 私の質問に対して親切に答えてくれました。（他们很友好地回答了我的问题。）

- 社会人になると自分の発言に対して責任を持たなくてはいけない。（一旦成为社会

人，就必须对自己的言论负责。）
- 彼の意見に対して、賛成の者は手をあげてください。（对于他的意见，赞成的人请举手。）

练习

以下の言葉や文法を使って、1つの文を作りなさい。/请用下列词汇和短语造句。

1. 中学生・アンケート調査・行う（～を対象に）

2. 事故の原因・調査・進める（～に関する/に関して/に関しては）

3. この質問・何も・答える（～に対して）

译文

　　S公司以即将迎接成人礼的年轻人为对象，进行了关于"时间"的问卷调查。

　　如果只有1秒钟的说话机会，你会对谁说？关于这个问题，男性和女性最常见的答案都是"母亲"。最想传达的话是"谢谢"，占60%。这表明了年轻人的真实想法，他们通常很难说出真心话。当被问及希望谁能把这1秒钟的说话机会用在自己身上时，回答"恋人"的占41.5%。想听到的语言占第一位的是"我喜欢你"，紧接着是想听到来自"朋友"的"谢谢"。

　　另外一个问题：对你来说，最有价值的1秒钟是和谁在一起的时候？处于第1位的回答是"独处的时候"，第2位的是"和家人在一起的时候"。这可以看出，大多数人不想被别人束缚，一方面认为自由的时间最重要，另一方面，和家人在一起的时候会感到安心。

　　接着，对"长大后需要什么东西"提问，回答"时钟"的人最多，理由有"想珍惜时间""用手机看时间不礼貌"等。

　　当被问及如果自己是首相，最关注的问题是什么时，"经济/金融"排在第一位，其次是"教育""医疗/福利""环境""少子化"等。从这里可以看出，人们对新闻中的问题高度关注，同时也表现出对未来的忧虑。

読解/阅读 4

　近ごろ、四捨五入の計算が苦手な子どもが増えている。数の感覚がつかめないのだ。その理由の一つとして、小銭を持たなくなっているからではないかと推測する。今の子どもたちは塾や習い事に忙しく、家のお手伝いをする機会がほとんどない。ひと昔前なら、「お醤油が切れちゃったから買ってきて。余ったお金でお菓子を買っていいわよ」と親から小銭を渡されて、醤油とお菓子の値段を見比べながら、どのようにすれば自分が得するか考えたものだ。そうやって、小銭の感覚、即ち数の感覚を身に付けていったといえる。
　ところが今は、親自身も現金で買い物をしなくなっている。スーパーの買い物もスマホ決済などキャッシュレスが主流になっている。昔と比べて、現金を使う機会が極端に減ってしまっているのだ。（　ア　）、小学生のうちからキャッシュレスに慣れてしまうと、数の感覚が身に付かなくなってしまう。近年、算数の基礎中の基礎である10進数の感覚が理解できない子どもが増えているのだ。

1. 文中の「理由の一つ」は何を指すか。
A. 計算が苦手な子どもが増えていること
B. 子どもが小銭を持たなくなっていること
C. 現金で買い物をする親が減っていること
D. 子どもが家のお手伝いをしたくないこと

2. 文中の「自分」は誰のことを指すか。
A. 親　　　　　　　　　　　　　B. 店員
C. 先生　　　　　　　　　　　　D. 子ども

3. 文中の「そう」は何を指すか。
A. お醤油を買ってくること　　　B. 親から小銭を渡されること
C. 小銭で買い物をしないこと　　D. 値段を見比べて買い物すること

4. 文中の（　ア　）に入れるのに最も適当なものはどれか。
A. しかし　　　　　　　　　　　B. なお
C. つまり　　　　　　　　　　　D. それに

5. 筆者が最も言いたいことは何か。
A. 10進数は算数の基礎中の基礎である
B. 子どもに家のお手伝いをさせたほうがいい
C. 今は、現金で買い物をする親が少なくなっている
D. 子どもは数の感覚を身につける機会が少なくなっている

（2023高考日语阅读）

词语解析

掴む② 抓，抓住

小銭⓪ 零钱

塾① 补习班，培优班

習い事⓪ 习艺，学习技艺

ほとんど② 几乎，大部分

一昔②③ 过去

切る① 不足，售罄

渡す⓪ 给，交给

見比べる⓪④ 比较，对比

得する⓪ 占便宜，得利

即ち② 即，也就是，换言之

身に付ける⓪+② 习得，掌握

スマホ決済④ 手机付款，手机结账

キャッシュレス① 无现金

極端③ 极端，极度

10進数③ 十进制

语法解析

お/ご～

[意思]
接头词，表示尊敬或美化用词。
[接续]
お ＋ 和语
ご ＋ 汉语
[例句]

・家のお手伝いをする機会がほとんどない。（很少有机会在家帮忙。）

・余ったお金でお菓子を買っていいわよ。（可以用剩下的钱来买零食哟。）

・今日のご気分はどうですか。（您今天心情如何？）

・素敵なお車ですね。（多好看的车呀。）

・並んでお待ちください。（请排队等候。）

・ご質問ありますか。（有问题吗？）

～ている

[意思]
表示某种结果、状态的持续。正在……。
[接续]
V-て ＋ いる
[例句]

・近ごろ、四捨五入の計算が苦手な子どもが増えている。（如今，越来越多的孩子在四舍五入计算方面遇到困难。）

・近年、10進数の感覚が理解できない子どもが増えているのだ。（近年来，不能理解十进制的孩子越来越多。）

・雨がザーザー降っている。（雨正哗哗地下着。）

- 王さんは返事が来るのを待っている。（王先生正等着回复。）

- 3年前から、日本語を勉強している。（从3年前就开始学习日语了。）

～てくる

[意思]
表示做完某动作以后立刻返回原处的意思。……（然后再）来……。
[接续]
V-て ＋ くる
[例句]

- お醤油が切れちゃったから買ってきて。（酱油用完了，去买点吧。）

- ちょっとトイレ行ってくるね。（我去一下厕所。）

- 伊藤さんの荷物、持ってきましたよ。（伊藤小姐的行李，我拿过来了哟。）

- チケット買ってきます。ここで待っていてください。（我去买了票就来，请在这儿等着。）

～なら、～

[意思]
假定条件，表示如果实际情况是那样的话。要是……的话。
[接续]
N/Na/V ＋ なら
[例句]

- 風邪なら、早く帰ったほうがいいよ。（要是感冒了的话，早点回去比较好哦。）

- あなたが行くなら、私も一緒に行きます。（你要是去的话，我也一起去。）

- 初めての武漢なら、黄鶴楼とか、東湖とか、湖北省博物館とかがおすすめ。それと、熱乾麺は絶対に食べたほうがいいよ。（如果是第一次来武汉的话，推荐去黄鹤楼呀，东湖呀，湖北省博物馆呀等地方。另外，建议一定要尝尝热干面哦。）

～よ

[意思]
语气助词。表示建议，提醒，告知等。呀，哟，哦。
[例句]

・余ったお金でお菓子を買っていいわよ。（可以用剩下的钱买零食哦。）

・明日は雨だよ。（明天下雨哟。）

・君にいい知らせがあるよ。（有好消息告诉你哦。）

・野球は楽しいよ。（棒球很有趣哦。）

～ば、～

[意思]
表示如果前项成立的话，就会发生后项。如果……，只要……。
[接续]
N/Na ＋ ならば
A - ＋ ければ
V - ば
[例句]

・どのようにすれば自分が得するか考えたものだ。（就在想如何做才能让自己受益。）

・春になれば、桜が咲きます。（一到春天，樱花就会开。）

・毎日練習すれば、日本語が上手になりますよ。（只要每天练习，日语就会变厉害哦。）

・あと3000円安ければ、買います。（只要再便宜3000日元，我就买。）

练 习

以下の言葉や文法を使って、1つの文を作りなさい。/请用下列词汇和短语造句。

1. みんな・教室・勉強する（～ている）

2. チケット・買う（～てくる）

3. 天安門・行く・地下鉄（～なら）

4. 毎日・練習・ピアノ・上手（～ば）

译文

如今，越来越多的孩子在四舍五入计算方面遇到困难。他们对数字没有感觉。我推测，其理由之一可能是由于他们不再有零钱了。现在的孩子忙于补习和上课，很少有机会在家帮忙。要是在以前的话，父母会给我零钱，说："酱油用完了，去买点吧。可以用剩下的钱来买零食哟。"我一边比较酱油和点心的价格，一边就在想如何做才能让自己受益。这样一来，就有了零钱的概念，也就掌握了数感。

但是现在，父母自己也不再用现金购物了。在超市购物时，智能手机支付等无现金支付成为主流。与过去相比，使用现金的机会大幅减少。也就是说，如果小学生习惯了无现金购物，他们就不会形成数字意识。近年来，不能理解十进制的孩子越来越多，而这是最基本的算术基础。

読解/阅读 5

職場では仕事に追われ、家では家事・育児に追われ、日本のお父さんたちは疲れている。では、実際にどれくらいお父さんが肉体的・精神的な疲れを感じるか。これについて、子どもを持つ20歳以上の男性2429名を対象に調査が実施された。

「普段疲れを感じているか」の質問に対し、「とても疲れを感じる」と「疲れを感じる」の回答を合わせると82％となっている。子どもの年齢別にお父さんの疲れの程度の割合を見ると、0歳から小学校高学年までは「とても疲れを感じる」と「疲れを感じる」を合わせて9割を超えているが、中学生、高校生になると9割以下となり、逆に「あまり疲れない」の回答が増えている。子どもが社会人の場合、「あまり疲れない」の回答が2割を超えているため、子どもの年齢が小さいほど、疲れているお父さんが多いことが分かる。

「その疲れは肉体的疲労か？精神的疲労か？」の質問に対し、「肉体的・精神的疲労どちらも」と回答した人が57.1％、「肉体的疲労」のみが26.7％、「精神的疲労」のみが14.8％という結果になった。どちらかだけの疲れを感じているケースよりも、肉体的にも精神的にも疲れている人が多いことが分かる。

「疲れの主な原因は何か」と尋ねたところ、「仕事」が58％、「加齢」が30.6％、「家事」が10％という結果になった。

1. 次の4人の中で調査対象となるのは誰か。
A. 19歳の男性
B. 子供を持つ55歳の男性
C. 子どもを持たない34歳の男性
D. 子どもを持たない22歳の男性

2. 「普段疲れを感じない」と答えたお父さんはどれくらいいるか。
A. 約18％　　　　　　　　　　　　B. 約38％
C. 約11％　　　　　　　　　　　　D. 約82％

3. 「あまり疲れない」との回答が増えるのはいつからか。
A. 子どもが幼稚園に入ってから　　　B. 子どもが小学校に入ってから
C. 子どもが中学校に入ってから　　　D. 子どもが社会人になってから

4. 文中の「57.1％」は何の数値か。
A. 「肉体的に疲れている」と答えた人の割合
B. 「精神的に疲れている」と答えた人の割合
C. 「肉体的にも精神的にも疲れている」と答えた人の割合
D. 「肉体的にも精神的にも疲れていない」と答えた人の割合

5. 疲労の最大の原因は何か。
A. 疲れ　　　　　　　　　　　　　　B. 家事
C. 加齢　　　　　　　　　　　　　　D. 仕事

（2021 高考日语阅读）

词语解析

追う⓪　迫，忙于

どれくらい⓪　多少

普段①　平时，平常

年齢別⓪　按不同年龄

割合⓪　比例，比率

9割①　9成

逆⓪ 相反，颠倒

のみ① 只，仅，唯

ケース① 事例，场合，情况

尋ねる③ 问，询问

加齢⓪ 年龄增长

家事① 家务，家务事

〜に対して

[意思]

表示"向着"或"根据某事物"等意思。后续对所面对的行为以及态度产生某种作用。对……，向……。

[接续]

N ＋ に対して

[例句]

- 「普段疲れを感じているか」の質問に対し、「とても疲れを感じる」と「疲れを感じる」の回答を合わせると８２％となっている。（当被问及"每天是否感到疲劳"时，回答"非常疲劳"和"感到疲劳"的人合计占82%。）
- 彼は私の質問に対して、何も答えてくれなかった。（他对于我的提问，没有给予任何回答。）
- お年寄りの方に対しては、もっと親切にしなければなりません。（对于老年人，必须更亲切地对待。）

〜となっている

[意思]

指某事实或状态正在进行。用于表示因为某种原因或经过某一过程，其结果现在仍在继续的情况。是……。

［接続］

N/Na ＋ となっている

［例句］

・「普段疲れを感じているか」の質問に対し、「とても疲れを感じる」と「疲れを感じる」の回答を合わせると８２％となっている。（当被问及"每天是否感到疲劳"时，回答"非常疲劳"和"感到疲劳"的人合计占82%。）

・今年度の目標達成率は８５％となっている。（今年的目标达成率为85%。）

・子供の学校の給食費が毎月5000円となっている。（孩子学校的餐食费是每个月5000日元。）

・今年の冬休みは１月１５日から２月２５日となっている。（今年寒假的时间是1月15号到2月25号。）

〜たところ

［意思］

用于说明有了让人惊奇的或新的发现，表示偶然的契机。……之后，就……。

［接続］

V‐た ＋ ところ

［例句］

・「疲れの主な原因は何か」と尋ねたところ、「仕事」が５８％、「加齢」が３０．６％、「家事」が１０％という結果になった。（当被问及"疲劳的主要原因是什么"时，结果是回答"工作"的占58%，"年龄增长"占30.6%，"家务"占10%。）

・久しぶりに、故郷に帰ってみたところ、昔と全然変わっていて少し悲しかった。（隔了很久尝试回了趟老家，老家和以前完全不同了，让我有些伤感。）

・ボランティア活動に参加してみたところ、とても楽しくてあっという間に時間が過ぎました。（试着参加了志愿者活动，感觉非常开心，时间一下子就过去了。）

・前勤めていた会社を訪ねたところ、もう会社はなかった。（去拜访了之前工作的公司，公司已经没有了。）

・先生にお願いしたところ、承諾のお返事をいただいた。（拜托老师之后，他同意了。）

练习

以下の言葉や文法を使って、1つの文を作りなさい。/请用下列词汇和短语造句。

1. 彼の意見・反対・手を挙げる（〜に対して）

2. 高校・アルバイト・禁止（〜となっている）

3. 教室・探す・行く（〜たところ）

译文

在职场忙于工作，在家忙于家务和育儿，日本的父亲都很累。那么，父亲们的身心究竟有多累？我们对 2429 名 20 岁及以上有子女的男性进行了调查。

当被问及"每天是否感到疲劳"时，回答"非常疲劳"和"感到疲劳"的人合计占82%。根据孩子的不同年龄段来观察，很明显，从 0 岁到小学高年级，"感到非常疲劳"和"感到疲劳"的父亲的比例合计超过 9 成，但孩子到了初中和高中后，这一比例就下降到 9 成以下。相反，回答"不怎么累"的人数增加了。在孩子踏入社会后，回答"不怎么累"的父亲超过了 2 成，可见孩子年龄越小，感到累的父亲越多。

对于"是身体上的疲劳，还是精神上的疲劳"这一问题，回答"身体和精神疲劳都有"的人占57.1%，回答只有"身体疲劳"的人占 26.7%，回答只有"精神疲劳"的人占 14.8%。由此可见，感到身心都疲劳的人比只感到其中一种疲劳的人要多。

当被问及"疲劳的主要原因是什么"时，回答"工作"的占 58%，"年龄增长"占 30.6%，"家务"占 10%。

読解/阅读6

昔、漢文で筆談すれば、日本人も中国人も意思疎通をすることができた。また漢文は、語彙や文法が安定しているため、千年単位の歳月の変動にも、あまり影響されない。日

本や中国の生徒は、学校の授業で、『詩経』の三千年前の漢詩や、『論語』の二千五百年前の孔子の言葉を読まされる。これはわれわれにとってはあたりまえのことだ。しかし世界的に見ると、今でも読める「古文」がない国のほうが多いのである。

（ア）、イギリスやアメリカの学校の授業に「古文」はない。アルファベットでしか書けない西洋語は、文字が発音の変化を忠実に反映しすぎて、綴りが百年単位で変動してしまうため、千年も経つと「外国語」になってしまうのだ。英語の最古の叙事詩『ベーオウルフ』は、八世紀の作品であるが、一般の英米人はこれを音読することさえできない。

時代や国境を越えた普遍語としての漢字と漢文にあこがれた西洋の知識人は、意外に多い。日本文明の歴史も、漢文の存在がなければ成立できない。

1. 漢文について正しいのはどれか。
A. 漢文を使えば社会が安定する
B. 漢文は百年単位で変動している
C. 漢文は語彙や文法が分かりやすい
D. 漢文は時間が経っても、あまり変わらない

2. 文中の（ ア ）に入れるのに最も適当なものはどれか。
A. 例えば　　　　　　　　B. だから
C. それでは　　　　　　　D. ただ

3. 文中に「『外国語』になってしまう」とあるが、その意味は何か。
A. 他の国の言葉になってしまう
B. 外国人が使うようになってしまう
C. 文字の変化を忠実に反映す
D. 綴り方が変わって、分からなくなる

4. 文中に「音読することさえできない」とあるが、なぜそうなったか。
A. 『ベーオウルフ』は内容がとても難しいから
B. 『ベーオウルフ』は古い言葉で書かれているから
C. 『ベーオウルフ』を知る人がたいへん少ないから
D. 一般の英米人は『ベーオウルフ』を勉強しないから

5. 文中に「日本文明の歴史も、漢文の存在がなければ成立できない」とあるが、その意味は何か。
A. 日本の文明の歴史は漢文の歴史だ
B. 日本の古文があったから漢文がある
C. 日本の文明の成立は漢文に深く関係している
D. 日本の歴史は漢文だけで書かれたものではない

（2023 高考日语阅读）

词语解析

疎通⓪ 沟通，疏通

安定⓪ 安定，稳定

歳月① 岁月，年月

我々⓪ 我们

当たり前⓪ 当然，不用说

アルファベット④ 拉丁字母

綴り③⓪ 拼法，拼写法

叙事詩② 叙事诗

ベーオウルフ④ 《贝奥武夫》（英国最古老的英雄叙事诗）

音読⓪ 念，朗读

普遍語⓪ 通用语，普遍用语

憧れる⓪ 向往，崇拜

知識人③ 知识分子，文化人

语法解析

～や～（など）

［意思］
用于列举，含有除此之外还有其他的意思。……或……，……和……，……啦……。
［接续］
N ＋ や ＋ N

[例句]

- 漢文は、語彙や文法が安定しているため、千年単位の歳月の変動にも、あまり影響されない。（由于汉语的词和语法都很稳定，即使以千年为单位，岁月变迁也对汉语没有什么影响。）

- 日本や中国の生徒は、学校の授業で、『詩経』の三千年前の漢詩や、『論語』の二千五百年前の孔子の言葉を読まされる。（日本和中国的学生在学校的课堂上都被要求阅读《诗经》中三千年前的诗和《论语》中两千五百年前孔子的名言。）

- 時代や国境を越えた普遍語としての漢字と漢文にあこがれた西洋の知識人は、意外に多い。（令人惊讶的是，许多西方知识分子都渴望汉字和汉语成为跨越时间和国界的通用语言。）

- スーパーで肉や野菜を買いました。（在超市买了肉和蔬菜。）

- このデパートは映画館や本屋などがあります。（这个商场里有电影院和书店之类。）

～ため（に）

[意思]
表原因、理由。由于，因为……。

[接续]
Nの ＋ ため（に）
Naな ＋ ため（に）
A/V ＋ ため（に）

[例句]

- 漢文は、語彙や文法が安定しているため、千年単位の歳月の変動にも、あまり影響されない。（由于汉语的词和语法都很稳定，即使以千年为单位，岁月变迁也对汉语没有什么影响。）

- アルファベットでしか書けない西洋語は、文字が発音の変化を忠実に反映しすぎて、綴りが百年単位で変動してしまうため、千年も経つと「外国語」になってしまうのだ。（只用字母书写的西方语言，由于文字过于忠实地反映了发音的变化，即使以百年为单位，其拼写也会发生变动，千年之后，就会变成"外语"。）

- 忙しかったために、飲み会に参加できなかった。（因为太忙了，没能参加聚会。）

- 人身事故のため、電車が遅れています。（因为发生了人身事故，电车晚点了。）

- 今年は例年より気温が低かったために、野菜の値段が高い。
（由于今年比往年气温低，蔬菜的价格很贵。）

～にとって

[意思]
多接在表示人或组织的名词之后，表示"从其立场来看"的意思。对于……来说。

[接续]
N ＋ にとって

[例句]
- これはわれわれにとってはあたりまえのことだ。（这对我们来说是理所当然的。）

- 入院中の私にとって、友人の励ましが何よりも有難いものだった。（在住院期间，我最感激的就是朋友们的鼓励。）

- スポーツ選手にとって、健康管理はとても重要だ。（对于体育运动选手来说，健康管理是非常重要的。）

- あなたにとって、理想の人はどんな人ですか。（对于你来说，理想的人是怎样的呢？）

～しか～ない

[意思]
与否定表达一起使用，表示限定，只有某件事物，没有其他。用于表示比期待的程度低或量少。只有……。

[接续]
N ＋ （助詞）しか～ない

[例句]
- 西洋語はアルファベットでしか書けない語彙である。（西方语言是只用字母书写的语言。）

- ダイエット中なので、夜は野菜しか食べません。（因为在减肥，晚上只吃蔬菜。）

- この店は予約した人しか入れません。（这家店只有预约的人才能进入。）

- マリアさんは日本に3年も留学していたのに、ひらがなしか書けません。（玛丽亚在日本留学3年，却只会写平假名。）

～すぎる

[意思]
表示程度超过了某一水准。太……，过于……。

[接续]
N/Na ＋ すぎる
A- ＋ すぎる
V_R - ＋ すぎる

[例句]

- 文字が発音の変化を忠実に反映しすぎて、…。（文字过于忠实地反映了发音的变化，……）

- 食べすぎて、お腹がいっぱいです。（吃了太多，肚子很饱。）

- 疲れすぎて、もう何もできません。（太累了，已经什么都做不了了。）

- このコーヒーは甘すぎるので、あまり好きじゃない。（这种咖啡很甜，不太喜欢。）

～さえ

[意思]
用于表述按常规理所当然的事都不行，就不要说其他的事了。
甚至……，连……。

[接续]
N ＋ （助詞）さえ

[例句]

- 一般の英米人はこれを音読することさえできない。（一般的英美人已无法朗读它。）

- 忙しすぎて、ご飯を食べる時間さえない。（太忙了，连吃饭的时间都没有。）

- 喉が痛くて、水さえ飲めない。（喉咙很疼，连水都喝不了。）

- 彼は私のスマホを壊したのに、謝りさえしなかった。（他把我的手机弄坏了，却连道歉都没有。）

练习

以下の言葉や文法を使って、1つの文を作りなさい。/请用下列词汇和短语造句。

1. 本屋・ペン・ノート・買う（〜や〜）

2. 風邪・引く・授業・休む（〜ために）

3. 私・時間・大切（〜にとって）

4. コーヒー・牛乳・入れる（〜しか〜ない）

5. 忙しい・遊ぶ・ない（〜すぎる）

6. 彼女・名前・覚える（〜さえ）

译文

　　过去，如果用汉语笔谈，日本人和中国人都可以进行沟通。另外，由于汉语的词和语法都很稳定，即使以千年为单位，岁月变迁也对汉语没有什么影响。在学校课堂上，日本和中国的学生都被要求阅读《诗经》中三千年前的诗和《论语》中两千五百年前孔子的名言。这对我们来说是理所当然的。但放眼世界，很多国家至今仍没有可读的"古文"。

　　比如，英国或美国学校的课堂里就没有"古文"。只用字母书写的西方语言，由于文字过于忠实地反映了发音的变化，即使以百年为单位，其拼写也会发生变动，千年之后，就会变成"外语"。英语中最古老的叙事诗《贝奥武夫》是8世纪的作品，但一般的英美人已无法朗读它。

　　令人惊讶的是，许多西方知识分子都渴望汉字和汉语成为跨越时间和国界的通用语言。如果没有汉语，也不可能有日本的文明史。

読解/阅读7

　「幸せ」の定義は、人によってまったく違うでしょう。洋服や時計、車や家を買うことができたら幸せだと考えている人がいます。また、よい友達を得ること、高校、大学、会社や資格試験に合格すること、海外旅行に行くことなどが、その対象になることもあるでしょう。
　しかし、幸せになれると思っていた目標物も、いざ手に入れてみると、思ったほど幸せには感じないものです。目標達成中毒の人は、次の目標をすぐに立てることで自分を駆り立てます。次の目標がないから、幸せになれないのだと考えるからです。
　そして、常に目標を追い求める躍動感を幸せと勘違いしてしまいます。しかし、そういう生き方をしていては、いつまでたっても（　ア　）。
　幸せは、達成したりして獲得できるものではないからです。幸せは、日常生活の中で、ふと気づくものです。私はいままで、世界的に成功している実業家、政治家の人たちと会ってきましたが、幸せそうな人は、わずか一部でした。
　一方、幸せそうな人ほど、一般的には平凡で退屈な人生を送っているように見えました。
　幸せとは、何気ない日常で感じるものだからです。誰かに、「幸せですか」と聞かれて初めて、「そういえば、幸せですわ。考えてもみませんでした」というタイプが、幸せそうな人生を生きている感じがします。
　自分が幸せかどうかを考えずに自分の好きなことに没頭している人、そういう人が幸せに最も近いのかもしれません。
　あなたは、幸せでしょうか。あなたにとっての幸せとは何でしょうか。

1. 目標達成中毒の人はなぜすぐ次の目標を立てるのか。
A. ほしいものが手に入らないから
B. 自分の目標が達成できないから
C. 目標を追い求める躍動感を幸せと感じるから
D. 目標に向かってがんばる気にはならないから
2. 文中の（　ア　）に入れるのに最も適当なものはどれか。
A. 幸せになれます　　　　　　　　B. 幸せになれません
C. 目標がありません　　　　　　　D. 目標を達成できます
3. 文中に「感じがします」とあるが、そう感じる人は誰か。
A. 筆者　　　　　　　　　　　　　B. 「幸せですか」と聞く人
C. 自分が幸せだと感じる人　　　　D. 自分が幸せかどうか考えない人
4. 筆者は幸せはどのように感じられると主張しているか。
A. ほしいものを得て感じる　　　　B. 何気ない日常生活で感じる
C. 世界的に成功してから感じる　　D. 常に目標として追求して感じる
5. 筆者が考える幸せな人とはどんな人か。
A. 退屈な人生を送っている人

B. やりたいことをやって成功を求める人
C. 幸せかどうかを気にせず、好きなことをやっている人
D. 常に高い目標を立てて、それに向かって頑張っている人

(2023 高考日语阅读)

词语解析

全（まった）く⓪ 完全，一点儿也都不……

いざ① 一旦，那么

手（て）に入（はい）る①+① 得到手，变成自己的东西

中毒（ちゅうどく）① 中毒，上瘾

駆（か）り立（た）てる④⓪ 驱使，强迫

追（お）い求（もと）める⑤ 追求

躍動感（やくどうかん）③ 活力，朝气蓬勃的感觉

勘違（かんちが）い③ 误会，误解，误以为

生（い）き方（かた）④③ 生活方式

ふと⓪① 忽然，突然，无意间

気（き）づく② 发觉，发现

わずか① 仅仅，少

一部（いちぶ）② 一部分，部分

一方（いっぽう）③ 一方，另一方面

退屈（たいくつ）⓪ 无聊，没意思

送（おく）る⓪ 过，度过

何気無い④ 不经意，漫不经心

没頭⓪ 埋头，专心致志

语法解析

～でしょう

[意思]
表示说话人的推测，读降调。……吧。
[接续]
N/Na/A/V ＋ でしょう
[例句]

- 「幸せ」の定義は、人によってまったく違うでしょう。（"幸福"的定义是因人而异的吧。）

- よい友達を得ること、高校、大学、会社や資格試験に合格すること、海外旅行に行くことなどが、その対象になることもあるでしょう。（结交好朋友、上高中、上大学、通过公司考核或资格考试，或者去海外旅行等，都是幸福吧。）

- 明日もきっといい天気でしょう。（明天也一定是个好天气吧。）

- 今日は車が少ないから、早く着くでしょう。（今天车很少，应该会早到吧。）

～ほど～ない

[意思]
表示比较。没有那么……。
[接续]
N/V ＋ ほど～ない
[例句]

- 思ったほど幸せには感じないものです。（也不会像想象的那样感到幸福。）

- スマホほど便利なものはない。（没有比智能手机更方便的东西了。）

- マリさんほど元気な人はこの学校にはいないでしょう。（在这所学校没有比玛丽更有活力的人了吧。）
- テストは思っていたほど難しくなかった。（考试没有想象的难。）

～たり～たりする

[意思]
表示列举，从几个事物、行为中举出一到三个有代表性的事物，暗示还有其他。
[接续]
V-た ＋ り～たりする
[例句]

- 幸せは、達成したりして獲得できるものではないからです。（因为幸福不是靠达成目标获得的。）
- 休みの日は、たいてい家で小説を見たり、音楽を聞いたりしています。（休息的日子，一般在家里看看小说，听听音乐。）
- 私は外国人と交流したり、外国語を学んだりするのが好きです。（我喜欢和外国人交流，也喜欢学习外语。）
- 今度の夏休みは、花火を見に行ったり、海へ泳ぎに行ったりするつもりです。（这次暑假，我打算去看看烟花，并且去海边游游泳。）

～ものではない

[意思]
用于表示忠告。不该……，不要……。
[接续]
V-る ＋ ものではない
[例句]

- 幸せは、達成したりして獲得できるものではないからです。（因为幸福不是靠达成目标获得的。）
- 人の悪口を言うものではない。（不要说别人的坏话。）

- 小さい子を一人で遠くに遊びに行かせるものではない。（不应该让小孩子独自去很远的地方玩耍。）

- 無駄遣いをするものではない。（不要浪费。）

～そうな

[意思]
表示样态，看起来好像，后接名词。
[接续]
Na ＋ そうな ＋ N
A- ＋ そうな ＋ N
V_R- ＋ そうな ＋ N
[例句]

- 幸せそうな人は、わずか一部でした。（看起来幸福的人，仅有一部分。）

- 幸せそうな人生を生きている。（过着看起来幸福的人生。）

- 彼はとても面白そうな人です。（他看起来是个非常有意思的人。）

- とても美味しそうなケーキですね。（真的是看起来很美味的蛋糕呢。）

～ものだから

[意思]
表示原因、理由。就是因为……。
[接续]
N/Na な ＋ ものだから
A/V ＋ ものだから
[例句]

- 幸せとは、何気ない日常で感じるものだからです。（因为幸福是在随意的日常生活中感受到的。）

- 目覚まし時計が壊れたものですから、遅刻してしまいました。（因为闹钟坏了，所以迟到了。）

- すみません。風邪を引いてしまったものですから、調子が良くないんです。（不好意思，因为感冒了，所以状态不好。）
- ごめんなさい。お酒は苦手なものですから。（非常抱歉，我不擅长喝酒。）

～わ

[意思]
语气助词，多为女性使用。呢，呀。
[例句]

- そういえば、幸せですわ。（这么说来，很幸福呢。）
- ええ、本当に素敵な所ですわ。（是的，真是一个美好的地方呀。）
- まあ、すぐに慣れますわよ。（没事，很快就会习惯的呢。）

～かどうか

[意思]
表示"是做……还是不做""是……还是不是……""是否……是不是……"的意思。
[接续]
N/Na/A/V ＋ かどうか
[例句]

- 自分が幸せかどうかを考えずに自分の好きなことに没頭している人、そういう人が幸せに最も近いのかもしれません。（沉浸在自己喜欢做的事情中，而不去考虑是否幸福，这样的人也许是最接近幸福的人。）
- 納豆は食べたことがないので、美味しいかどうか分かりません。（因为没有吃过纳豆，所以不知道好不好吃。）
- その映画が面白いかどうかは見てなければ分からない。（那部电影好不好看，没看过是不知道的。）
- 間違いがないかどうか、もう一度確認してください。（有没有错的地方，请再确认一次。）

～でしょうか

[意思]

是说话人对抱有疑问的事物礼貌询问的表达方式。是……吗？

[接续]

N/Na/A/V ＋ でしょうか

[例句]

・あなたは、幸(しあわ)せでしょうか。（你幸福吗？）

・あなたにとっての幸(しあわ)せとは何(なん)でしょうか。（对你来说，幸福是什么呢？）

・鶏肉(とりにく)と豚肉(ぶたにく)とどちらがいいでしょうか。（鸡肉和猪肉您觉得哪个好？）

・会員(かいいん)カードはお持(も)ちでしょうか。（您有会员卡吗？）

练 习

以下(いか)の言葉(ことば)や文法(ぶんぽう)を使(つか)って、1つの文(ぶん)を作(つく)りなさい。/请用下列词汇和短语造句。

1. 明日(あした)・雨(あめ)・降(ふ)る（～でしょう）

2. 日本(にほん)・中国(ちゅうごく)・大(おお)きい（～ほど～ない）

3. 休(やす)みの日(ひ)・買(か)い物(もの)・映画(えいが)（～たり～たりする）

4. 他人(たにん)・失敗(しっぱい)・笑(わら)う（～ものではない）

5. 面白(おもしろ)い・小説(しょうせつ)（～そうな）

6. 電車(でんしゃ)・遅(おく)れる・遅刻(ちこく)する（～ものだから）

7. 卒業(そつぎょう)・帰国(きこく)する・分(わ)かる（～かどうか）

8. お客様(きゃくさま)・会員(かいいん)カード・持(も)つ（～でしょうか）

译文

"幸福"的定义是因人而异的吧。有人认为,只要能买衣服、手表、车或房子就是幸福。还有一些人可能会认为,结交好朋友、上高中、上大学、通过公司考核或资格考试,或者去海外旅行等,都是幸福吧。

但是,即使人们认为有些东西会带来幸福,一旦得到,也不会像想象的那样感到幸福。愿意努力达成目标的人,会马上制定下一个目标来驱使自己进步。因为他们认为,没有下一个目标,他们就不会幸福。

他们把不断追求目标的动力误认为是幸福。但是,如果一直这样生活,你将永远不能幸福。

因为幸福不是靠达成目标获得的。幸福是你在日常生活中突然意识到的东西。迄今为止,我见过一些世界上最成功的商人和政治家,他们中似乎只有少数人是快乐的。

另一方面,看起来越幸福的人,他们的生活一般就越显得平凡和乏味。

这是因为幸福是在随意的日常生活中感受到的。如果有人问:"你幸福吗?"你说:"你这么一问,我还真觉得挺幸福啊。其实我没怎么想过这个问题。"那么,我觉得这种人才算生活得很幸福。

沉浸在自己喜欢做的事情中,而不去考虑是否幸福,这样的人也许是最接近幸福的人。

你幸福吗?对你来说,幸福是什么呢?

読解/阅读 8

わたしの家族は主人、わたし、息子の3人家族です。一人っ子なので、普段は家で子供が大人を相手に遊んでいますが、わたしたちは息子を<u>子供相手にではなく</u>、自分も子供になって、真剣に遊んでいます。息子も友達といっしょに遊んでいる感覚で真剣に遊びます。競争も、わたしたちは、子供だから勝たせてあげるのではなく、同じように一生懸命遊びます。

それでも、息子はたまに、「<u>ぼくのことが好き?</u>」と聞いてくることがあります。もちろんすぐに好きだと伝えますが、特に誕生日などの記念日には、サプライズを考えたりして、あなたのことを本当に大切に思っているという気持ちを全力で示します。(ア)、息子もまた不安が消えて、どんな事にも頑張ってくれるのです。

子育ては「子を育てる」のもありますが、「子に育てられる」というのもあると思います。息子は<u>未熟なわたしたちを親にしてきてくれた</u>と思っています。わたしたちは息子を通して親の偉大さ、大切さを強く感じ、<u>自分の親</u>にも感謝しています。

1. 文中に「子供相手にではなく」とあるが、その意味はどれか。
   A. 親として見るのではなく　　　　B. 大人として見るのではなく
   C. 友達として見るのではなく　　　D. 子供として見るのではなく
2. 文中に「ぼくのことが好き？」とあるが、そう聞く息子の気持ちはどれか。
   A. 不安な気持　　　　　　　　　　B. 感謝の気持ち
   C. 安心した気持ち　　　　　　　　D. 満足した気持ち
3. 文中の（　ア　）に入れるのに最も適当なものはどれか。
   A. または　　　　　　　　　　　　B. それで
   C. つまり　　　　　　　　　　　　D. ところで
4. 文中に「未熟なわたしたちを親にしてきてくれた」とあるが、その意味はどれか。
   A. 息子はまだ未熟である　　　　　B. 親は子供を立派に育てた
   C. 息子のおかげで、親は成長した　D. 息子の出生で、親が未熟になった
5. 文中の「自分の親」とは誰のことか。
   A. 自分　　　　　　　　　　　　　B. 子供
   C. 息子の両親　　　　　　　　　　D. 息子の祖父母

（2020 高考日语阅读）

词语解析

一人っ子③ 独生子女

息子⓪ 儿子，男孩

真剣⓪ 认真，严肃

一生懸命⑤ 拼命，努力

たまに⓪ 偶尔，有时

勿論② 当然，不必说

特に① 特别，尤其

サプライズ③ 惊喜

通す① 通过

语法解析

～が

［意思］
表示顺接或逆接。可是……，但是……。
［接续］
N/Naだ ＋ が
A/V ＋ が
［例句］

- もちろんすぐに好きだと伝えますが、特に誕生日などの記念日には、サプライズを考えたりして、あなたのことを本当に大切に思っているという気持ちを全力で示します。（当然会马上说喜欢他，特别是在生日等纪念日的时候，我们会设法制造一个惊喜，全力表现出"我们真的很重视你"这种感情。）
- 子育ては「子を育てる」のもありますが、「子に育てられる」というのもあると思います。（我觉得育儿虽然是"养育孩子"，但也可以是"被孩子养育"。）
- 昨日は暑かったが、今日は急に涼しくなって風邪を引いてしまいそうだ。（昨天很热，今天突然变凉快，几乎要感冒了。）
- 今日は頑張ったが、負けちゃった。（今天虽然很努力，但还是输了。）
- 平田と申しますが、洋子さんいらっしゃいますか。（我叫平田，请问洋子小姐在吗？）

～てあげる

［意思］
表示说话人或说话人一方为别人做某事。为……做……。
［接续］
V‐て ＋ あげる
［例句］

- 競争も、わたしたちは、子供だから勝たせてあげるのではなく、同じように

一生懸命遊びます。（在竞争中也是，我们不会因为他是孩子就让他赢，而是同样拼命地玩。）

- 王さんに日本語を教えてあげました。（我教小王日语。）

- 君に見せてあげたかった。（是想给你看的。）

- 僕は君のためにできることは何でもやってあげます。（我会尽我所能帮助你。）

〜てくれる

[意思]

是以说话人或说话人一方做某事的人为主语进行表述的表达方式。用于那人主动做某事的情况。帮……，给……，为……（做某事）。

[接续]

V-て ＋ くれる

[例句]

- 息子もまた不安が消えて、どんな事にも頑張ってくれるのです。（儿子的不安就会消失，做什么事都非常努力。）

- 息子は未熟なわたしたちを親にしてきてくれたと思っています。（我一直觉得儿子让不成熟的我们慢慢成为父母。）

- 友達が車で家まで送ってくれました。（朋友开车送我回家。）

- 日本人のクラスメートが論文の言葉遣いを直してくれました。（日本同学帮我修改了论文的措辞。）

〜を通して

[意思]

表示手段、媒介。通过……。

[接续]

N ＋ を通して

[例句]

・わたしたちは息子を通して親の偉大さ、大切さを強く感じ、自分の親にも感謝しています。（通过孩子，我们强烈地感受到父母的伟大和重要，也对自己的父母心存感激。）

・友人を通して、僕たちは知り合いました。（我们是通过朋友认识的。）

・世界一周の旅を通して、色々な国の文化や習慣を学びました。（我周游世界，了解了许多不同国家的文化和习俗。）

・茶道や花道などの伝統芸能を通して、日本文化を学んだ。（我通过茶道或插花等传统艺术了解日本文化。）

练习

以下の言葉や文法を使って、1つの文を作りなさい。/请用下列词汇和短语造句。

1. すみません・お手洗い・どちら（〜が）

2. 母・ハンカチ・買う（〜てあげる）

3. 友達・自転車・貸す（〜てくれる）

4. 本・こと・学ぶ（〜を通して）

译文

我家是丈夫、我和儿子的三口之家。儿子是独生子，平时在家都是和大人一起玩，但我们没把他当孩子，而是把自己变成孩子，认真地玩。儿子也像和朋友一起玩一样认真。在竞争中也是，我们不会因为他是孩子就让他赢，而是同样拼命地玩。

即便如此，儿子偶尔也会问"你们喜欢我吗？"这样的问题。当然会马上说喜欢他，特别是在生日等纪念日的时候，我们会设法制造惊喜，全力表现出"我们真的很重视你"这种感情。从那以后，儿子的不安就会消失，对什么事都非常努力。

我觉得育儿虽然是"养育孩子"，但也可以是"被孩子养育"。我一直觉得儿子让不成熟的我们慢慢成为父母。通过孩子，我们强烈地感受到父母的伟大和重要，也对自己的父母心存感激。

読解/阅读9

現在、「朝読」が多くの小中高校で行われている。「朝読」とは朝の読書運動のことで、授業まえの10分間、先生と生徒たちが自分の好きな本を読み、（　ア　）、授業を始めるものである。1988年に千葉県の高校で始まったのが最初だ。今は、読書の習慣を付けたり、読む力を付けたりするためにすることが多いが、本来は、遅刻や欠席が多かったので、生徒たちが落ち着いて一日を始められるようにと、考えられたそうだ。

「朝読」では、生徒たちは4つのルールを守るように指示される。「毎日やる」「みんなでやる」「好きな本でよい」「ただ読むだけ」である。

この「朝読」にはいろいろな効果がある。本を読むスピードが上がること、本が読めない子が読めるようになることなどだ。それだけでなく、生徒の態度や心の状態にもいい変化が見られるようだ。遅刻が減って授業にスムーズに入れるようになったこと、生徒が急に怒り出したり、教室を出ていったりすることが減っていること、などが報告されている。

1. 文中の（　ア　）に入れるのに最も適当なものはどれか。
A. だから　　　　　　　　　　　　B. そこで
C. それから　　　　　　　　　　　D. それでは
2. 「朝読」の行われる最初の目的はどれか。
A. たくさん本を読むこと　　　　　B. 本を読む力を付けること
C. 本を読む楽しさを知ること　　　D. 落ち着いた気持ちで授業に入ること
3. 文中に「4つのルール」とあるが、ルールの内容に当たるのはどれか。
A. 読む時間は自由である　　　　　B. 読む内容は自分で決める
C. 読む内容が決められている　　　D. 一人で大きな声を出して読む
4. 文中に「いろいろな効果」とあるが、それに合わないものはどれか。
A. 本を速く読めるようになった　　B. 文章への理解力が高くなった
C. 教室への出入りが激しくなった　D. 授業に遅れる生徒が少なくなった

5. この文章の内容に合っているのはどれか。
A. 生徒にいい変化が見られた
B. ルールを作るようになった
C. 生徒の成績が下がっていた
D. 生徒の好きな本が減っていた

（2020 高考日语阅读）

词语解析

付ける② 增加，赋予

読む力①+③ 阅读能力

本来① 本来，原来

欠席⓪ 缺勤，缺席

落ち着く⓪ 沉着，冷静，静下心来

ルール① 规则，规矩
スピード⓪ 速度

上がる⓪ 上升

スムーズ② 顺利，流畅

语法解析

～られる

［意思］
动词的可能形，表示能力或可能性。能……，可以……。
［接续］
五段动词 "イ" → "エ"
一段动词 "る" → "られる"
する → できる
来る → こられる
［例句］

・生徒たちが落ち着いて一日を始められるようにと、考えられたそうだ。（让学生

能够静下心来，开始一天的学习。）

- それだけでなく、生徒の態度や心の状態にもいい変化が見られるようだ。（不仅如此，学生的态度和心理状况似乎也有了积极的变化。）

- ここから花火が見られます。（从这里能看到烟花。）

- 宇宙のことなら詳しいので、教えられますよ。（关于宇宙我很了解，能告诉你哟。）

～ために

[意思]
表示行为的目的，需要前后从句为同一主语。为，为了……。
[接续]
Nの ＋ ために
V-る ＋ ために
[例句]

- 今は、読書の習慣を付けたり、読む力を付けたりするためにすることが多い。（现在大多是为了培养学生的阅读习惯和阅读技巧。）

- 日本へ留学するために、今日本語を勉強している。（为了去日本留学，现在正在学日语。）

- 将来、自分の家を買うために貯金しています。（为了将来买自己的房子，正在存钱。）

- 健康のために、毎日ジョギングしています。（为了健康，每天慢跑。）

～ので

[意思]
以前面句子说的事为原因或理由，后面句子所说是因此而发生的事。
用于客观承认前项事情与后项事情的因果关系。因为……。
[接续]
N/Naな ＋ ので
N/Naだった ＋ ので
A/V ＋ ので

［例句］

・本来は、遅刻や欠席が多かったので、生徒たちが落ち着いて一日を始められるようにと、考えられたそうだ。（最初的设想是让学生能够静下心来，开始一天的学习，因为学生迟到和旷课的情况很多。）

・頭が痛いので、帰ってもいいですか。（我头疼，能让我先回去吗？）

・仕事が終わったので、そろそろ帰ります。（工作做完了，准备马上回去。）

・日本文化が好きだったので、大学は日本語学科に進みました。（因为喜欢日本文化，大学进入了日语专业。）

～れる/られる/される

［意思］
动词被动态。被……，受……。

［接续］
五段动词ない形 ＋ れる
一段动词ない形 ＋ られる
する → される
来る → こられる

［例句］

・「朝読」では、生徒たちは4つのルールを守るように指示される。（在"早读"中，学生要遵守4项规则。）

・遅刻が減って授業にスムーズに入れるようになったこと、生徒が急に怒り出したり、教室を出ていったりすることが減っていること、などが報告されている。（报告显示，迟到的人少了，学生能顺利进入课堂状态，突然发怒、离开教室的现象少了。）

・遅刻して、先生に注意された。（迟到被老师警告了。）

・部屋を綺麗にして、母に褒められた。（妈妈夸我把房间收拾得很干净。）

～出す

[意思]

表示动作开始。常和"突然""急に""いきなり"一起使用。突然……。

[接续]

V_R ＋ 出す

[例句]

- 生徒が急に怒り出した。（学生突然开始发怒。）

- 突然、雨が降り出して、びしょ濡れになってしまった。（雨突然下起来，我被淋了个透湿。）

- 友達の赤ん坊は私の顔を見ると、急に泣き出した。（朋友的孩子看到我，突然哭了起来。）

- 授業中に、雷さんがいきなり隣の王さんと話し出した。（上课时，雷同学突然跟旁边的王同学开始讲话。）

练习

以下の言葉や文法を使って、1つの文を作りなさい。/请用下列词汇和短语造句。

1. 王さん・納豆・食べる（～られる）

2. 留学・お金・貯める（～ために）

3. お腹・痛い・帰る（～ので）

4. あの人・騙す（～れる/られる/される）

5. 猫・急に・飛ぶ（～出す）

译文

　　现在，"早读"在很多小学、初中、高中开展。"早读"就是晨读活动，课前10分钟，老师带领学生阅读自己喜欢的书，然后开始上课。"早读"最早于1988年在千叶县的高中开始实施。现在大多是为了培养学生的阅读习惯和阅读技巧，但最初的设想是让学生能够静下心来开始一天的学习，因为学生迟到和旷课的情况很多。

　　在"早读"中，学生要遵守4项规则，就是"每天都读""大家一起读""读喜欢的书就好""仅仅只是读"。

　　这种"早读"有很多好处。它可以提高阅读速度，让不会读书的孩子也变得会读了。不仅如此，学生的态度和心理状况似乎也有了积极的变化。报告显示，迟到的人少了，学生能顺利进入课堂状态，突然发怒、离开教室的现象少了。

読解/阅读 10

　　食器洗い機を購入してから1年たったある日、夫が突然、食器洗い機のことを「食洗機さん」と「さん」を付けて呼び始めた。購入する前は、「食洗機って、本当に必要なの？」なんて言っていたのに、どうしたのだろうか。

　　「さん」を付ける心理について少し考えてみた。「さん」は「さま」が変化した言葉だが、おそらく現代の日本で最もよく使われている敬称だ。「田中さん」のように人の名前に付けると「さま」ほどは畏まらず、「ちゃん」ほどは親しすぎない感じがして使いやすい。ちょっとくだけた会話では、「あそこの会社の部長さんが…」など職業や役職に付けることもある。さらに、人間以外にも、「象さん」「お豆さん」のように「さん」を付ける人もいる。

　　『新明解国語辞典(第8版)』は「さん」について、「様」より親しみの気持ちを含めて、人の名前や人を表す語などのあとにつけて(軽い)敬意を表す。また、動植物や身近に存在する物などを擬人化して言う場合にも用いられる」と説明している。確かに、「トマトさん」などと呼ぶと、絵本に登場するような姿が思い浮かんで一気に（　ア　）が増す気がする。いずれにしてもこの一年間に、わが家の食洗機は、ただの家電製品から、身近について頼れる相棒「食洗機さん」に昇格したということなのだろう。

　　そういえば、今より人間関係に敏感だった中学時代、仲良くなりかけたクラスメートの「さん」付けをいつやめるか真剣に悩んだこともあった。いつものようにフル稼働する「食洗機さん」を眺めつつ、自分にもそんな時代もあったなと少しだけ懐かしく思う今日このごろだ。

1. 食洗機を購入する前、「夫」はどう思っていたか。
A. 食洗機は必要ではない　　　　　　B. 食洗機は家にあるべきだ
C. 前から食洗機がほしかった　　　　D. 食洗機のことを初めて知った
2. この文章によると、日本で最もよく使われている敬称はどれか。
A. さん　　　　　　　　　　　　　　B. さま
C. ちゃん　　　　　　　　　　　　　D. 先生
3. 文中の（　ア　）に入れるのに最も適当なものはどれか。
A. 敬意　　　　　　　　　　　　　　B. 親しみ
C. 嫌な気持ち　　　　　　　　　　　D. 感謝の気持ち
4. 購入して1年、食洗機はどうなったか。
A. あまり役に立たなかった　　　　　B. 古くなって使えなくなった
C. なくてはならないものになった　　D. あまり使っていないからまだ新しい
5. 文中に「悩んだ」とあるが、なぜ悩んだのか。
A. 「さん」の使い方が分からなかったから
B. 仲良くしていいかどうか分からなかったから
C. どのように友だちと仲良くなるか分からなかったから
D. いつから親しい呼び方で友達を呼ぶか分からなかったから

（2022高考日语阅读）

词语解析

付ける② 附上，加上

恐らく② 大概，恐怕

畏まる④ 惶恐，拘束

砕ける③ 失掉，减弱，轻松

役職⓪ 任务，职务

親しみ⓪④ 亲切感，亲密感

身近⓪ 切身，身边

思い浮かぶ⓪⑤ 浮现，想出

一気① 一口气，一下子

いずれにしても⑥ 无论如何，不管怎样

相棒⓪③ 伙伴，搭档

昇格⓪ 晋升，升级

仲良く① 和睦地，友好地

クラスメート④ 同班同学

真剣⓪ 认真，严肃

フル稼働③ 连轴转，终日运转

眺める③ 凝视，注视，观察

语法解析

～てから

[意思]
表示先做完某事，再做另一件事。之后……，然后……。

[接续]
V-て ＋ から

[例句]

- 食器洗い機を購入してから1年たったある日。（买了洗碗机1年之后的某天。）

- 手を洗ってからご飯を食べます。（洗了手之后吃饭。）

- 日本に来てから、たくさん日本人の友達ができました。（来了日本之后，交了很多日本朋友。）

- 飛行機が止まってから、席を立ってください。（请在飞机停好后再起身。）

～って

[意思]

说人或物的名字时使用的表达形式，偏口语。

[接续]

N/A ＋ って

V（の）＋ って

[例句]

- 「食洗機って、本当に必要なの？」（洗碗机真的有必要吗？）

- 田中さんって、どんな人ですか。（田中先生是怎样的人？）

- これはたこ焼きっていう食べ物だよ。（这是一种叫章鱼烧的食物。）

- マルイっていうデパートに行ったことある？（你去过一个叫丸井的商场吗？）

- 大都会でひとりで暮らすのって、すごいです。（说是一个人在大都市生活，真厉害。）

～について

[意思]

表示"关于"的意思。关于……，就……。

[接续]

N ＋ について

[例句]

- 「さん」を付ける心理について少し考えてみた。

（我稍微思考了一下他加"桑"的心理。）

- 『新明解国語辞典(第8版)』は「さん」について、「様」より親しみの気持ちを含めて、人の名前や人を表す語などのあとにつけて(軽い)敬意を表すとした。(《新明解国语辞典(第8版)》中关于"桑"是这样进行说明的：" '桑'比'样'更具有亲近感，附在人的名字或表示人的词语后面表示（些微的）敬意。)

- この問題について、どう思いますか。（关于这个问题，你是怎么想的？）

- 日本語の発音について大学で研究しています。（我在大学研究日语的发音。）
- あと1年で大学を卒業するし、将来についてもっと真剣に考えよう。（还有一年就大学毕业了，关于将来请再认真考虑下吧。）

～ように

[意思]
用于举出具体的例子。像……那样，按照……样。

[接续]
Nの ＋ ように
A/V ＋ ように

[例句]
- 「田中さん」のように人の名前に付けると「さま」ほどは畏まらず、「ちゃん」ほどは親しすぎない感じがして使いやすい。（像"田中桑"这样加在别人名字后面，不会像"样"那样令人惶恐，也不会像"酱"那样让人觉得太过亲密，所以很好用。）
- いつものようにフル稼働する「食洗機さん」を眺めつつ、…（看着像往常一样满负荷运转的"洗碗机桑"，……）
- あの人のように日本語が上手に話せるようになりたい。（我希望自己的日语说得和那个人一样好。）
- 上海のように世界中の人々が住む都市では、各国の本格的な料理を味わうことができる。（在上海这样的城市里，居住着来自世界各地的人，您可以品尝到许多国家的地道美食。）
- 私が発音するようにあとについて言ってください。（请跟着我一起念。）
- 木下さんがおっしゃったようにお伝えしておきました。（按木下先生说的那样传达给他们了。）

～かける/かけの

[意思]
表示动作做到中途了。快……了。

[接续]
V_R ＋ かける
V_R ＋ かけの ＋ N
[例句]

・そういえば、今より人間関係に敏感だった中学時代、仲良くなりかけたクラスメートの「さん」付けをいつやめるか真剣に悩んだこともあった。（回想起来，在我上初中的时候，对人际关系比现在更加敏感。我曾经认真地想过，什么时候才不应该称呼同学为"桑"，因为我已经和他们很亲近了。）

・キムさんは何か言いかけたが、そのまま黙ってしまった。（金小姐开始说了些什么，但又沉默了。）

・下痢が治りかけていたのに、何か変な物を食べたのか、またお腹が痛くなってきた。（明明拉肚子已经好了许多，不知道是不是又吃了什么奇怪的东西，肚子又疼起来了。）

・テーブルの上に飲みかけのコーヒーが置かれている。（桌上放着还没喝完的咖啡。）

〜つつ

[意思]
表示同一主体在进行某一行为时同时进行另一行为，偏书面用语。一边……一边……，一面……一面……，……的同时。

[接续]
V_R ＋ つつ

[例句]

・いつものようにフル稼働する「食洗機さん」を眺めつつ、自分にもそんな時代もあったなと少しだけ懐かしく思う今日このごろだ。（看着像往常一样满负荷运转的"洗碗机桑"，我不禁有些怀念过去的日子。）

・カレンダーを眺めつつ、次の旅行の計画を立てます。（一边看着日历，一边计划下次的旅行。）

・彼女との写真を眺めつつ、これまで二人で行った場所や過ごした時間を懐かしんだ。（一边看着和女友在一起的照片，一边怀念着两人一起去过的地方和一起度过的时光。）

- 「哲学の道」を歩きつつ、今後の人生について考えてみた。（走在"哲学大道"上，思考了一下今后的人生。）

练习

以下の言葉や文法を使って、1つの文を作りなさい。/请用下列词汇和短语造句。

1. ご飯・薬・飲む（〜てから）

2. みんなの日本語・教科書・有名（〜って）

3. 日本・文化・教える（〜について）

4. 忘れる・メモ・取る（〜ように）

5. 息子・やる・宿題・遊び（〜かける）

6. 大学・通う・弟・面倒（〜つつ）

译文

　　购买洗碗机1年后的某天，丈夫突然开始用"桑"称呼洗碗机为"洗碗机先生"了。在买之前，他明明还说了"洗碗机真的有必要吗?"这样的话，这到底是怎么回事呢？
　　我稍微思考了一下他加"桑"的心理。"桑"是由"样"演变而来的，大概是现代日本最常使用的敬称。像"田中桑"这样加在别人名字后面，不会像"样"那样令人惶恐，也不会像"酱"那样让人觉得太过亲密，所以很好用。在稍轻松的对话中，也可以加在"那家公司的部长桑……"等职业或职务的后面。而且，除了用在人身上以外，也有像"大象桑""小豆子桑"这样加"桑"的。
　　《新明解国语辞典(第8版)》中关于"桑"是这样进行说明的："'桑'比'样'更具有亲近感，附在人的名字或表示人的词语后面表示(些微的)敬意。另外，也用于将动植物或身边存在的事物等拟人化的场合。"确实，一叫"番茄桑"，就会让人联想起绘本里的形象，一下子就觉得亲切度上升了。总之，在这一年里，我家的洗碗机从普通的家电产品升级为身边可以信赖的伙伴"洗碗机桑"了。

回想起来，在我上初中的时候，对人际关系比现在更加敏感。我曾经认真地想过，什么时候才不应该称呼同学为"桑"，因为我已经和他们很亲近了。今天，看着像往常一样满负荷运转的"洗碗机桑"，我不禁有些怀念过去的日子。

読解（どっかい）/阅读 11

活動場所：桜山市文化センター
活動日程：8月11日～8月14日
応募締切：8月6日
募集対象：子どもが好きな人、子どもたちの「ために…」というより、子どもたちと「ともに…」という気持ちを共有できる人
ここのボランティアでの体験談(21歳 大学生)
大学1年生の時に初めて参加して、今年で4年目です。
　最初は中学校の先生になれれば…そのためのいい経験になれば、という気持ちで始めましたが、この活動で、小学生の子どもたちと触れ合っているうちに、自分には小学校の教員が性格的に合っているんじゃないかと、気づくことができました。今は、明確な将来の目標もできて、充実しています。
　この活動のいいところは、「自分が楽しんでいい」というところだと思います。でも、それだけじゃなくて、それを子どもたちと視線を合わせて、共有することで、さらにもっと楽しくなっていく。ボランティアって言っていいのかと思うくらい、楽しいです。
　あと、ここに集まる大人のみなさんが、いろんな方がいて、すごい人たちばかりで、しかもやさしく付き合ってくださるので、すごく勉強になります。
　仲間が増えたら、ぼくもうれしいです！よかったら参加してみてください。

1. 桜山市文化センターはどんな人を募集しているか。
A. 子どもが好きでない人
B. 子どものために頑張る人
C. 子どもたちと一緒に楽しい時間を過ごす人
D. 子どもたちのために楽しい時間を過ごす人
2. この体験談を書いたのは誰か。
A. 小学生　　　　　　　　　　B. 大学1年生
C. 学校の教員　　　　　　　　D. 大学4年生
3. 文中に「明確な将来の目標」とあるが、その目標はどれか。
A. 大学の教員になるこ　　　　B. 小学校の教員になること
C. 中学校の教員になること　　D. 学習センターの職員になること
4. 文中の「それ」の指すものはどれか。
A. 自分が楽しんでいいということ

B. 子どもたちのために何かをすること
C. 子どもたちと視線を合わせること
D. 子どもたちと楽しく触れ合うこと

5. 文中の「ここに集まる大人のみなさん」は誰か。
A. 中学校の教員　　　　　　B. 小学校の教員
C. ボランティアの人　　　　D. 将来の目標のある人

（2019 高考日语阅读）

词语解析

センター① 中心，综合设施

応募⓪ 应征，应招，报名

締切⓪ 截止日期，期限

募集⓪ 募集，招募

ボランティア② 志愿者

触れ合う③ 交流，互相接触

気づく② 发觉，发现，注意到

合わせる③ 合在一起

更に① 再，又，进一步

いろんな⓪ 各种各样

付き合う③ 交往，打交道

语法解析

～とともに

[意思]
前接表示人或机关的名词，表示与其"一起""共同"的意思。书面用语。

和……一起。
［接续］
N ＋ とともに
［例句］

- 子どもたちと「ともに…」という気持ちを共有できる人。（能共情，能与孩子们"一起……"的人。）
- 毎年の春節は、家族とともに過ごしています。（每年春节，都是和家人一起度过的。）
- 大学の仲間たちとともに、旅行をしようと思っています。（想和大学的伙伴们一起旅游。）
- 遠距離恋愛になってしまったので、彼女とともに過ごす時間が少なくなってしまった。（因为是异地恋，和她在一起的时间变少了。）
- 皆さんとともに、この舞台に立てることを大変嬉しく思います。（我很高兴和大家一起站在这个舞台上。）

～より

［意思］
是将两种事物进行比较的表达形式。比起……。
［接续］
N/V ＋ より
［例句］

- 子どもたちの「ために…」というより、子どもたちと「ともに…」という気持ちを共有できる人。（能共情，能与孩子们"一起……"，而不是"为了……"在这里的人。）
- 今年の冬は昨年の冬より寒いです。（今年冬天比去年冬天冷。）
- やらずに後悔するよりは、無理にでもやってみたほうがいい。（与其没做而后悔，还不如硬做一下试试。）

- 休みの日は外へ出かけるより家でのんびりしているほうが好きだ。（节假日我宁愿待在家里，也不愿出门。）

～うちに

[意思]
表示在这一状态持续期间，在这段时间内的意思。在……之内，趁……时。
[接续]
Nの ＋ うちに
Naな ＋ うちに
A-い ＋ うちに
V-る/-ている/-ない ＋ うちに
[例句]

- この活動で、小学生の子どもたちと触れ合っているうちに、自分には小学校の教員が性格的に合っているんじゃないかと、気づくことができました。（通过这个活动，在和小学生接触的过程中，我发现自己在性格上更适合当小学教师。）
- 雨が降っていないうちに、帰りましょう。（趁着还没下雨，回去吧。）
- 若いうちに、色んなことにチャレンジしておいたほうがいいよ。（趁年轻，尝试各种事情更好哦。）
- 桜が綺麗なうちに、たくさん写真を撮ってしまいましょう。（趁着樱花盛开，我们多拍点照片吧。）

～というところだ/といったところだ

[意思]
用于说明在该阶段的状况。差不多。
[接续]
N ＋ というところだ/といったところだ
[例句]

- 活動のいいところは、「自分が楽しんでいい」というところだと思います。（我认为这个活动的好处就在于"自己乐在其中就好"。）

- 彼女は多く見ても20歳というところだ。（她看起来最多20岁。）

- ジムにいくのは週2、3回というところだ。（每周去健身房两到三次。）

- 明日の気温は5度から10度といったところです。（明天气温差不多5～10度。）

～だけじゃなく／だけでなく

[意思]
表示不仅如此，还有其他情况。不仅……。

[接续]
N ＋ だけじゃなく／だけでなく
Naな ＋ だけじゃなく／だけでなく
A/V ＋ だけじゃなく／だけでなく

[例句]
- それだけじゃなくて。（不仅是这些。）

- 肉だけじゃなく、野菜もしっかり食べなさい。（不仅要吃肉，蔬菜也请好好吃。）

- 張さんは英語だけでなく、日本語も話せる。（小张不仅会说英语，也会说日语。）

- ワンピースは日本だけじゃなく、海外でもとても人気がある。（海贼王不仅在日本受欢迎，在海外也很有人气。）

- 田舎は静かなだけでなく、空気もきれいだ。（农村不仅安静，空气也好。）

- 痩せるためには運動をするだけじゃなく、食べるものにも気を付けなくてはいけない。（要想减肥，不仅要锻炼身体，还要注意饮食。）

～ていく

[意思]
表示以某一时间为基准，变化继续发展或将某种行为、动作继续下去。……下去。

[接续]
V-て ＋ いく

[例句]

- さらにもっと楽しくなっていく。（会变得更加快乐。）

- 結婚してからも仕事は続けていくつもりです。（结婚之后也打算继续工作。）
- 今まだ日本語があまり話せないかもしれないが、だんだん話せるようになっていくよ。（虽然现在还说不了什么日语，但会慢慢学会的。）
- 子供は少しずつ、色々なことができるようになっていくものだ。（渐渐地，孩子们学会了做各种事情。）

～ばかりで

[意思]

表示除了这事再没有其他事了，多半用于说话人对此的负面评价。只……，光……，净……。

[接续]

N ＋ ばかりで

Naな ＋ ばかりで

A-い ＋ ばかりで

V-る ＋ ばかりで

[例句]

- すごい人たちばかりで。（都是了不起的人。）
- ここ数日、雨ばかりで、どこへも行けません。（这几天一直下雨，哪儿也去不了。）
- 顔が綺麗なばかりで、性格が悪すぎる。（光有好看的皮囊，性格很差。）
- 忙しいばかりで、ちっとも儲からない。（仅仅只是忙，一点钱也没赚到。）

～てくださる

[意思]

表示为说话人或说话人一方做某事。用于该人物身份、地位比说话人高或不很亲近的情况。

[接续]

V-て ＋ くださる

[例句]

- しかもやさしく付き合ってくださるので、すごく勉強になります。（他们对我很好，我从他们身上学到了很多东西。）

- 先生が論文の言葉遣いを直してくださった。（老师给我修改了论文的措辞。）
- 今日わざわざおいでくださって誠にありがとうございました。（您今天专程赶来，真是万分感谢。）
- 劉さんはこの前、武漢を案内してくださいました。（刘先生前不久带我们游览了武汉。）

练 习

以下の言葉や文法を使って、1つの文を作りなさい。/请用下列词汇和短语造句。

1. 友達・日本・予定（〜とともに）
2. 今日・昨日・暑い（〜より）
3. どうぞ・温かい・召し上がる（〜うちに）
4. 彼女・見る・30歳（〜というところだ）
5. 勉強・バスケ・できる（〜だけじゃなく/だけでなく）
6. 体重・どんどん・増える（〜ていく）
7. 毎日・遊ぶ・勉強する（〜ばかりで）
8. たくさん・方・協力する（〜てくださる）

译 文

活动场所：樱山市文化中心
活动日程：8月11日～8月14日
应征截止日期：8月6日
招募对象：喜欢孩子的人，能共情，能与孩子们"一起……"，而不是"为了……"在这里的人。

在这里做志愿者的经历(21岁 大学生)

大学1年级的时候第一次参加，今年是第4年。

一开始想，如果我能成为一名初中教师……这将是一次很好的经历。通过这个活动，在和小学生接触的过程中，我发现自己在性格上更适合当小学教师。现在，我对未来有了明确的目标，感到很充实。

我认为这个活动的好处就在于"自己乐在其中就好"。不仅如此，当你看着孩子们，并和他们分享快乐时，你会变得更加快乐。这太有趣了，我甚至都不知道是否可以称之为志愿服务。

此外，这里还有来自各行各业成年人，都是很了不起的人。他们对我很好，我从他们身上学到了很多东西。

我很高兴能交到更多朋友！如果你想加入，请试试看。

読解/阅读12

　　入社4年目で初めての結婚記念の日に、社内で緊急事態が発生した。もしかしたら全員が会社に泊まって、家へ帰れなくなるかもしれないという大変なことになった。「結婚記念日（　ア　）、帰らせてください」とは絶対に言えなかった。

　　5時になった頃、課長がぼくを呼びつけ、封筒を渡して、「これをK社に届けろ」と言ってきた。K社は隣の県にあるので、今から車で出ても8時までに着けるかどうかさえ分からない。「届けたら直接帰宅していいから」と言ってくれたが、直接帰宅と言われても、K社に届けて、家まで帰ったら、きっと11時はすぎるだろう。文句を言いたかったが、「分かりました」と言って封筒を預かった。

　　封筒の中を見ようとすると「内容は車の中で見ろ。急いで行け！」と課長は冷たく言った。不満の声で「行ってきます」と言うと、課内の同情の目に送られて駐車場へ向かった。

　　車に乗り込み、封筒を開けると、1枚の紙があった。「結婚記念日おめでとう。今日はこのまま帰りなさい」と書かれていた。会社に入って初めて泣いた。

　　その翌年、課長は家の家業を継ぐために退社した。

　　送別会の席で、お礼を言ったら、「（　イ　）」と課長は忘れていたかのような顔だった。課長、お元気でおられるだろうか。

1. 文中の（　ア　）に入れるのに最も適当なものはどれか。
A. でも　　　　　　　　　　　B. なのに
C. なので　　　　　　　　　　D. と言って

2. 文中に「文句を言いたかった」とあるが、その理由はどれか。
A. 会社に泊まるから　　　　　　　　B. 課長が帰宅したから
C. 封筒をくれないから　　　　　　　D. 家に着くのが遅くなるから
3. 文中に「会社に入って初めて泣いた」とあるが、それはなぜか。
A. 課長に不満があるから　　　　　　B. K社は隣の県にあるから
C. 課長の思いやりに感動したから　　D. 封筒を届けなければならないから
4. 文中の（ イ ）に入れるのに最も適当なものはどれか。
A. そんなことあったか　　　　　　　B. そんなことあったぞ
C. そんなことあったよ　　　　　　　D. そんなこともあった
5. 文中の課長はどんな人物か。
A. 冷たい人　　　　　　　　　　　　B. 偉そうな人
C. 仕事に熱心な人　　　　　　　　　D. 部下に親切な人

（2020 高考日语阅读）

词语解析

もしかしたら① 也许，说不定，可能

呼び掛ける④ 呼唤，召唤

渡す⓪ 递给，交给

文句① 意见，牢骚

預かる③ 保管，寄存

乗り込む③ 乘上，坐上

翌年⓪ 翌年，下一年

居る① 在，存在

语法解析

〜までに

[意思]
附在表示时间的名词或表示事件的短句之后，表示动作的期限或截止日期。后面常说

明要在该期限以前完成这些动作。在……之前，到……为止。
［接续］
N／V-る ＋ までに
［例句］

- 今から車で出ても8時までに着けるかどうかさえ分からない。（即使现在开车出发，8点之前能不能到都不知道。）

- レポートは来週の月曜日までに提出してください。（报告请于下周一之前提交。）

- 参加したい人は、明後日までにご連絡ください。（想参加的人请在后天之前跟我联系。）

- 冬休みが終わるまでにこの小説を読んでしまいたい。（我想在寒假结束之前读完这本小说。）

～だろう

［意思］
读降调，表示推测。常与"たぶん""きっと"等副词一起使用。……吧。
礼貌形式是"～でしょう"。
［接续］
N/Na/A/V ＋ だろう
［例句］

- きっと１１時はすぎるだろう。（应该会超过11点吧。）

- 明日もきっといい天気だろう。（明天应该也是个好天气吧。）

- たぶんキムさんは今日は学校に来ないでしょう。（金同学今天大概不会来学校了吧。）

～たい

［意思］
表示说话人表达行为的欲求或愿望。想，想要。
［接续］
V_R ＋ たい

[例句]

・文句を言いたかった。（想抱怨。）

・夏休みは海に行きたい。（暑假想去海边。）

・週末は映画を見たいです。（周末想看电影。）

・今日はどこへも行きたくないです。（今天哪儿也不想去。）

～動詞の命令形

[意思]
动词的命令形。是说话人用强势口吻对听话人下达命令的一种表达形式。
[接续]
五段动词"イ"→"エ"
一段动词 "る"→"ろ"
する → しろ
来る → こい

[例句]

・内容は車の中で見ろ。急いで行け！（内容在车里看。快出发！）

・徐行はゆっくり行けという意味です。（徐行的意思是慢慢走。）

・もう11時だから、早く寝ろ！（已经11点了，快睡觉！）

・若いからもっと勉強しろ、そしてもっと遊べ！（你还年轻，要多学习，多玩耍！）

练习

以下の言葉や文法を使って、1つの文を作りなさい。/请用下列词汇和短语造句。

1. 本・火曜日・返す（～までに）

2. 来週・雨・降る（～だろう）

3. 海・泳ぐ・行く（～たい）

4. 授業中・静か・する（～動詞の命令形）

译文

进公司四年后的第一个结婚纪念日，公司发生了紧急状况。搞不好所有人都要住在公司，回不了家。"因为是结婚纪念日，请让我回去吧"，这样的话我绝对说不出口。

5点的时候，科长把我叫到跟前，递给我一个信封，说："把这个送给K公司。"K公司在隔壁县，即使现在开车出发，8点之前能不能到都不知道。虽然他说"送完直接回家也可以"，可就算让我直接回家，送到K公司，再回家，肯定已经超过11点了。我很想抱怨，但还是说了声"我知道了"，就把信封收好。

想看看信封里的东西，科长却冷冷地说："内容在车里看！快出发！"我不满地说了声"我出发了"，便在科内同事同情目光的护送下走向了停车场。

上了车，打开信封，有一张纸。上面写着："结婚纪念日快乐。今天就这样回去吧。"进公司后第一次哭。

次年，科长因为要继承家业辞职了。

在送别会上，我向科长道谢时，他好像忘了似的，说了句"有这种事？"科长，您还好吗？

読解/阅读13

ある日、ぼくは街へ出かけた。

「暇だなあ。本でも見るか」と思い、本屋へ向かっている途中に1人のホームレスが道端に寝ていた。「邪魔だなあ」と思って歩いていると、そばにいる3歳ぐらいの男の子が急に道路に走っていった。ちょうどその時、1台の車が猛スピードで走ってきた。その瞬間、さっきまで寝ていたホームレスの男性が突然走りだし、子どもを抱き上げ、車を避けた。

周りを見ると、茫然と立っているおじさん、おばさん。「すごい！」とか言っている若者。ぼくはその時、自分のなさけなさに気づいた。「ホームレスが汚い？生きている意味がない？なんだよぼく…本当に強いのは、このホームレスのおじさんだろうが！」ぼくは拳を握りしめた。

その後、男の子の母親が走ってきて、「ありがとうございます。ありがとうございます。これ少ないですけど…」と言って、お金を渡そうとしていた。

（ア）、ホームレスのおじさんは言った。

「すみません、それは受け取れません。でも約束してください。絶対に小さい子から目を離さないであげてください。約束です。」

ぼくは初めて人のあたたかさを知った。

1. 文中に「すごい！」とあるが、そう言った理由はどれか。
A. 男の子が道路に走っていったから
B. ホームレスが子供を助けたから
C. 車が猛スピードで走ってきたから
D. おじさんとおばさんが立っているから
2. 文中に「ぼくは拳を握りしめた」とあるが、それはなぜか。
A. ぼくも走ろうと決心したから
B. ホームレスを殴ろうとしたから
C. 自分のなさけなさに気づいたから
D. 自分はホームレスより強いと思うから
3. 文中に「お金を渡そうとしていた」とあるが、その理由はどれか。
A. ホームレスに感謝したいから　　B. ホームレスが強いと思うから
C. ホームレスが汚いと思うから　　D. ホームレスがかわいそうだから
4. 文中の（ア）に入れるのに最も適当なものはどれか。
A. だから　　　　　　　　　　　B. つまり
C. そして　　　　　　　　　　　D. すると
5. 文中の「あたたかさ」の指すものはどれか。
A. 人間の愛　　　　　　　　　　B. 夏の暑さ
C. 気温の変化　　　　　　　　　D. 人間のかわいさ

（2017 高考日语阅读）

词语解析

出掛(でか)ける⓪　出去，外出

向(む)かう⓪　往，朝着……去

ホームレス①　无家可归者，流浪汉

道端(みちばた)⓪　路旁，路边

そば① 旁边，附近
ちょうど⓪ 刚好，恰好
スピード⓪ 速度
さっき① 刚刚，刚才

抱き上げる④ 抱起来

周り⓪ 周围，附近

若者⓪ 年轻人，青年

情けない④ 可耻，悲惨，可悲

握りしめる⑤ 握紧

受け取る⓪③ 接，收

语法解析

～なあ

[意思]
用于强调自己的心情，或者想抒发自己的心情时使用，也可以用于自言自语。
……啊，……呢。

[接续]
Na/A/V ＋ なあ

[例句]

・暇だなあ。（真闲啊！）

・学生時代は本当に楽しいなあ。（学生时代真的很快乐。）

・今日は寒いなあ。（今天真冷啊！）

・昨日の日本料理は本当に美味しかったなあ。（昨天的日料真的太好吃了啊。）

～くらい／ぐらい

[意思]
接在表示数量的词语后，表示大致的时间或数量。大概，左右。

[接续]
N ＋ くらい／ぐらい
[例句]

・そばにいる3歳ぐらいの男の子が急に道路に走っていった。

（旁边一个3岁左右的男孩突然跑到马路上。）

・この道を10分くらい行くと、大きな湖があります。

（顺着这条路走大约10分钟，有一个很大的湖。）

・修理は二週間ぐらいかかります。（维修需要花两周左右的时间。）

・午後2時ぐらいに来てください。（请下午2点左右来。）

～とか（いう）

[意思]
接在名词和引用句子之后，用于把听到的内容传达给别人的场合。（说是）什么啦。
[接续]
N/Naだ ＋ とか（いう）
A/V ＋ とか（いう）
[例句]

・「すごい！」とか言っている若者。（说着"好厉害"什么的年轻人。）

・太田さんは今日風邪で休むとか言っていました。（太田说什么今天感冒了要休息。）

・人身事故があったとか言って、今電車が止まっている。（说是发生了人身事故什么的，现在电车已停驶。）

・さっき、実家で地震があったとか。家族が心配です。（说是老家刚刚发生了地震。很担心家人。）

～てください

[意思]
请求、指示、命令某人为说话人或说话人一方做某事的表达方式。请……。
[接续]
V-て ＋ ください

［例句］

- すみません、それは受け取れません。でも約束してください。絶対に小さい子から目を離さないであげてください。約束です。（对不起，这个我不能收下。但是请答应我，绝对不要让孩子离开你的视线。一定要答应我。）

- 教科書の５０ページを開いてください。（请翻开教科书第50页。）

- パスポートを見せてください。（请出示护照。）

- すみませんが、この漢字の読み方を教えてください。（不好意思，请教我一下这个汉字的读法。）

～さ

［意思］
将形容词名词化。
［接续］
Na ＋ さ
A- ＋ さ　　＊いい → よさ
［例句］

- 情けなさ。（可耻。）

- 暖かさ。（温暖。）

- 昔の人は、今の世界の便利さを知りません。（以前的人不会知道如今的世界有多方便。）

- あの人のすごさは、実際に会わないと分からないよ。（只有亲眼见到，你才知道那人有多棒。）

- この料理のおいしさを、世界中の人に伝えたい。（我想告诉全世界这道菜有多好吃。）

练 习

以下の言葉や文法を使って、1つの文を作りなさい。/请用下列词汇和短语造句。

1. 大学生活・本当に・楽しい（～なあ）

2. 一号門・歩く・20分・かかる（～くらい/ぐらい）

3. 田中さん・来年・結婚する（～とかいう）

4. 漢字・読み方・教える（～てください）

5. 富士山・高い・3776メートル（～さ）

译 文

　　有一天，我走在街上。
　　"真闲啊！要不要去看看书？"我想着，在去书店的途中看到一个流浪汉睡在路边。我想"真碍事"。走着走着，旁边一个3岁左右的男孩突然跑到马路上。就在这时，一辆车飞快地开了过来。在这一瞬间，刚才还在睡觉的流浪汉突然跑了过去，抱起孩子，避开了车。
　　环顾四周，只见一脸茫然站着的大叔大婶，还有口里说着"好厉害"的年轻人。那时，我意识到自己的可耻。"流浪汉肮脏?活着没有意义?怎么回事啊我……真正强大的，是这个流浪汉大叔吧！"我握紧了拳头。
　　之后，男孩的母亲跑过来："谢谢，谢谢。这个虽然有些少……"说着，准备把钱递给他。
　　这时，流浪汉大叔说话了。
　　"对不起，这个我不能收下。但是请答应我，绝对不要让孩子离开你的视线。一定要答应我。"
　　我第一次体会到了人与人之间的温暖。

読解/阅读 14

　週末があっという間に過ぎると感じる人には、ある共通点があります。
　週末、起きる時が遅いのです。
　「週末は、だらだら過ごしたい」と思い、多くの人が起きる時間が遅くなりがちです。ところが、昼頃に起きて食事を済ませると、気づけば夕方です。
　「あれ、もう1日が終わりか。速いなあ」と思います。
　貴重な週末の1日を無駄に過ごし、損をしたような気分になるのです。人は起きる時間が遅いほど、1日も（　ア　）感じる傾向があります。少なくとも週末はゆっくりしたいと思いますが、本当にゆっくりすると、あっという間に時間が過ぎます。週末にやろうとしていたことが、思うようにできなくなるのです。
　少しでも週末を長く感じるには、朝がポイントです。
　週末こそ、早起きをしましょう。早起きすると、体感できる1日が長くなります。人より早く行動を始めると、体感できる週末が長く感じられるようになります。少し早起きするだけで、休日が1日分長くなったような気がして、得した気分を味わえます。平日の疲れは、週末のぜいたくによって、癒しましょう。おいしいものを食べたり、友だちと話をしたり、温泉に行ったりです。
　誰もがまだ起きていない時間から、週末を楽しめるのは気持ちのいいことです。

1. 文中に「共通点」とあるが、その共通点はどれか。
A. 夕方まで寝ること　　　　　　　　B. 週末に早く起きること
C. 週末に遅く起きること　　　　　　D. 早起きして食事を済ませること
2. 文中の（　ア　）に入れるのに最も適当なものはどれか。
A. 長く　　　　　　　　　　　　　　B. 短く
C. 暗く　　　　　　　　　　　　　　D. 明るく
3. 文中に「朝がポイント」とあるが、それはなぜか。
A. 早起きすると、1日が長く感じるようになるから
B. 早起きるだけで、疲れを癒すことができるから
C. 朝、たくさん寝れば、得をした気分を味わえるから
D. 人より早起きすると、損をしたような気分になるから
4. 文中の「気持ちのいいこと」が指すのはどれか。
A. 早起きの人は遅く起きる人より十分に週末を楽しめること
B. 早起きの人は遅く起きる人より週末をだらだら過ごせること
C. 遅く起きる人は早起きの人よりおいしいものを食べられること
D. 遅く起きる人は早起きの人より週末をぜいたくに暮らせること

5. この文章の内容に合っているものはどれか。
A. 週末を無駄に過ごしても損ではない
B. 早起きしても週末を十分に楽しめない
C. 遅く起きる人は週末が速く過ぎると感じる
D. 早く起きる人は週末が速く過ぎると感じる

（2018 高考日语阅读）

词语解析

あっという間⓪ 一瞬間

だらだら① 慵懒；拖拖拉拉，拖泥带水

済む① 结束，完事

ところが③ 可是，然而

気づく② 发觉，发现，注意到

無駄⓪ 浪费

少なくとも③ 至少，起码

ゆっくり③ 不慌不忙，慢慢地；安静舒适，放松
ポイント⓪ 关键，要点

早起き② 早起

体感⓪ 体会，体感，身体的感觉

味わう③⓪ 体验，经历，享受

贅沢③④ 奢侈，奢华

癒す② 解除（痛苦），治愈（创伤）

楽しむ③ 享受，愉快地……

语法解析

～がち

[意思]
表示即使是无意的，也经常发生，多用于负面评价。容易……，往往会……。

[接续]
N ＋ がち
V_R ＋ がち

[例句]

- 「週末は、だらだら過ごしたい」と思い、多くの人が起きる時間が遅くなりがちです。（想着"懒懒地度过周末"，很多人就容易晚起。）

- 外食が多いと、野菜が不足しがちだ。（经常在外面吃饭的话，就容易蔬菜摄入不足。）

- 社会人になって、車で通勤しているので、運動不足になりがちです。（踏入社会，开车上班，很容易运动量不够。）

- 田さんは病気がちで、よく学校を休みます。（田同学很容易生病，经常请假休息。）

～か

[意思]
表示间接疑问或自言自语。……吗？

[接续]
N/Na/A/V ＋ か

[例句]

- あれ、もう1日が終わりか。（嗯？一天已经结束了么？）

- 彼女はどんな人がタイプか知ってる？（你知道她喜欢什么类型的人吗？）

- 誰がパーティーに来るか知ってる？（你知道谁会来参加派对吗？）

- 初めてのデートでどこへ行ったか覚えていますか。（你还记得第一次约会去了哪儿吗？）

- この映画が大好きで、もう何回見たか覚えていません。（很喜欢这部电影，已经不知道看过多少次了。）

～こそ

[意思]
表示强调，用于正面的意思。正是……，才是……。

[接续]
N ＋ こそ
V-る ＋ ことこそ

[例句]

- 週末こそ、早起きをしましょう。（正因为是周末，所以请早起吧。）

- 来年の冬こそ、スキーに行こう。（明年冬天，一定去滑雪吧。）

- 暗記ではなく、考える力を身につけることこそ学ぶべきなのだ。（不是死记硬背，而是要培养思考能力。）

- 忙しいからこそ、家族との時間を大切にしたい。（正因为忙，所以想珍惜和家人在一起的时间。）

～がする

[意思]
前面经常接"音""声""味""匂い""香り""感じ"等词语，表示有这样的感觉。

[接续]
N ＋ がする

[例句]

- 少し早起きするだけで、休日が1日分長くなったような気がして、得した気分を味わえます。（只要稍微早起一点，就会觉得假期好像多了一天，有赚到的感觉。）

- キッチンから、カレーの匂いがしてきます。（从厨房飘来一股咖喱的味道。）

- 隣の部屋からピアノの音がしています。（隔壁房间传来钢琴的声音。）

・この景色を見ていると、何だか夢のような感じがします。（看着这景色，不知道为什么感觉好像做了一场梦。）

～ましょう

[意思]
是说话人向听话人发起的一起做什么的劝诱表达，或接受邀请回答时使用的表达形式。……吧。

[接续]
V - ＋ ましょう

[例句]

・週末こそ、早起きをしましょう。（正因为是周末，所以请早起吧。）

・平日の疲れは、週末のぜいたくによって、癒しましょう。（平日的疲劳，就通过周末放纵来缓解一下吧。）

・仕事がおわったら、カラオケに行きましょう。（工作做完了，我们去唱拉卡OK吧。）

・図書館で一緒に勉強しましょう。（我们一起去图书馆学习吧。）

・A:一緒に映画でも見に行きませんか。（一起去看个电影怎么样？）

　B:ええ、行きましょう。（好，去吧。）

练习

以下の言葉や文法を使って、1つの文を作りなさい。/请用下列词汇和短语造句。

1. 外食・野菜・不足（～がち）

2. 漢字・日本・来る・知る（～か）

3. 寝ること・ストレス解消・方法（～こそ）

4. 何だか・バラ・かおり（～がする）

5. 人・いっぱい・次の電車・乗る（～ましょう）

觉得周末转瞬即逝的人都有一个共同点。

那就是周末起得晚。

想着"懒懒地度过周末"，很多人就容易晚起。但是，中午起床吃完饭，回过神来就已经是傍晚了。

"嗯？一天已经结束了么？真快啊"，就会有这样的想法。

浪费了宝贵的周末一天，感觉吃了亏。起床越晚，就会感觉一天越短。原本想，至少周末要好好休息一下，但如果真的好好休息，时间就会转瞬即逝。原本打算在周末做的事情，就无法如愿以偿了。

要想让周末感觉稍微长一点，关键在于早晨。

周末更要早起。起得越早，一天的时间就越长。如果比别人更早开始做事，就会感觉周末更长。只要稍微早起一点，就会觉得假期好像多了一天，有赚到的感觉。平日的疲劳，就通过周末放纵来缓解一下吧，去吃美食，和朋友聊天，去泡温泉等。

在别人还没起来的时间里，就开始享受周末，这是一件很惬意的事情。

読解/阅读 15

人間が寝なければならないのは、睡眠が脳の健康に重要な役割を果たしているからだ。

睡眠が足りないと、脳の正常な活動に影響を与える。いつも徹夜をすると、体がだるくなり、（ ア ）、怒りやすくなる。もし一晩でも寝なかったら、注意力が下がってしまう。

研究によると、睡眠を十分にとらなければ、感情的になりやすく、突然怒ったりして、生活にも大いに影響し、肥満まで引き起こすこともあるという。

もし睡眠不足の状態が続くと、言語能力や反応能力にも大きな影響を与える。17時間以上寝ない状態でいると、反応能力は下がり、その程度はワインを2杯飲んだのに相当し、体内のアルコール濃度が0.05%のレベルに達する。これはイギリスの飲酒運転の限定の量に違反してるのだ。

それでは、わたしたちは毎日何時間ぐらい寝る必要があるのだろうか。調査では、必要な睡眠時間は人によって違うということが分かった。だから、わたしたちが必要とする睡眠時間は、昼間に眠くなければそれで十分なのだ。

1. 文中の（　ア　）に入れるのに最も適当なものはどれか。
A. また　　　　　　　　　　　B. まだ
C. けれども　　　　　　　　　D. それとも
2. 文中に「肥満まで引き起こす」とあるが、それはなぜか。
A. 睡眠不足だから　　　　　　B. 感情的になったから
C. 飲酒運転をしたから　　　　D. 注意力が下がったから
3. 次の文で睡眠不足の症状でないものはどれか。
A. 怒りやすくなる　　　　　　B. 反応能力が下がる
C. 言語能力が下がる　　　　　D. ワインを飲みたくなる
4. 文中の「分かった」ことはどれか。
A. 脳は正常な活動をしていること
B. 人によって必要な睡眠時間が違うこと
C. 睡眠は脳の健康に重要な役割を果たしていること
D. イギリスの飲酒運転の限定の量はワイン２杯であること
5. この文章の内容に合っているものはどれか。
A. 睡眠時間は昼間まで寝ればいい
B. 睡眠時間は17時間以上寝ればいい
C. 睡眠時間は昼間に眠くなければいい
D. 睡眠時間は長くなればなるほどいい

（2017 高考日语阅读）

词语解析

役割③⓪　作用，职责，角色

果たす②　实现，达到

徹夜⓪　熬夜，彻夜

怠い②⓪　乏力，乏倦

下がる②　降，下降

肥満⓪ 肥胖

引き起こす④ 引起

ワイン① 葡萄酒

アルコール⓪ 酒精

レベル① 水准，水平；等级，级别

達する⓪③ 到达，达到

イギリス⓪ 英国

昼間③ 白天

语法解析

〜のは〜からだ

［意思］
表示强调。是因为……，是……。
［接续］
N/Na な ＋ のは〜からだ
N/Na だった ＋ のは〜からだ
A/V ＋ のは〜からだ
［例句］

・人間が寝なければならないのは、睡眠が脳の健康に重要な役割を果しているからだ。（人类之所以必须睡觉，是因为睡眠对大脑的健康起着重要的作用。）

・試合に負けたのは、練習が足りなかったからだ。（输了比赛，是因为练习不够。）

・今日こんなに波が高いのは、台風が近づいているからだ。（今天海浪这么高，是因为台风逼近了。）

・地震が起きた時、一番大切なのは慌てないことだ。（地震时，最重要的是不慌张。）

・日本語を勉強するとき、一番難しいのは漢字だ。（学日语时，最难的是汉字。）

～によると

[意思]
表示传闻的出处或推测的依据。后续常接"…そうだ""ということだ""…だろう""…らしい"等。据……，按照……，根据……。

[接续]
N ＋ によると

[例句]

・研究によると、睡眠を十分にとらなければ、感情的になりやすく、突然怒ったりして、生活にも大いに影響し、肥満まで引き起こすこともあるという。（研究表明，如果睡眠不足，就容易情绪激动，突然发怒，对生活有很大影响，甚至会引起肥胖。）

・彼の主張によると、彼は今回の事件とは関係ないということだ。（他声称自己与本次的事件没有关系。）

・大学の掲示板によると、明日の中村先生の講義は休講だという。（据大学公告栏所示，中村老师明天的课取消。）

・アンケート調査の結果によると、一番人気のある職業は公務員だということです。（据问卷调查结果所示，最受欢迎的职业是公务员。）

～のに

[意思]
对事物或场所等进行评价时使用的表达形式。

[接续]
V‐る/V‐た ＋ のに

[例句]

・その程度はワインを2杯飲んだのに相当する。（这种程度相当于喝了两杯葡萄酒）

・田舎は買い物するのに不便です。（乡下买东西不方便。）

・武漢は地下鉄が多いので、会社に通うのに便利です。（武汉有很多条地铁，坐地铁上班很方便。）

・日本のアニメは日本語を勉強するのに役立ちます。（日本动漫对日语学习很有用。）

～ばいい／なければいい

[意思]
表示建议和劝诱，或表达说话者的愿望。……就可以，……就行。

[接续]
N/Naで ＋ なければいい
A-く ＋ なければいい
V-ば ＋ いい
V-＋なければいい

[例句]

・昼間に眠くなければそれで十分なのだ。（只要白天不困就足够了。）

・教科書を忘れたら、隣の人と一緒にみればいいですよ。（忘带教科书的话，和旁边的人一起看就可以了。）

・甘い物を食べなければいい。（不吃甜食就可以了。）

・困ったときは誰かに相談に乗ってもらえばいい。（发愁的时候，找个人聊一下就可以了。）

・新しく配置される部署の仕事、あまり大変でなければいいのだが。（新分配的工作岗位，如果不太难做就好了。）

练习

以下の言葉や文法を使って、1つの文を作りなさい。／请用下列词汇和短语造句。

1. 遅刻・電車・遅れる（～のは～からだ）

2. 私の記憶・昔・ここ・公園（～によると）

3. スーパー・買い物・便利（～のに）

4. 困る・誰か・相談に乗る（〜ばいい/なければいい）

译文

　　人类之所以必须睡觉，是因为睡眠对大脑的健康起着重要的作用。睡眠不足会影响大脑的正常活动。经常熬夜的话，身体会疲倦，人会变得容易发怒。如果一晚上不睡觉，注意力就会下降。
　　研究表明，如果睡眠不足，就容易情绪激动，突然发怒，对生活有很大影响，甚至会引起肥胖。
　　如果睡眠不足的状态持续下去，语言能力和反应能力也会受到很大的影响。如果超过17个小时不睡觉，人的反应能力会下降，这种程度就相当于喝了两杯葡萄酒，体内酒精浓度达到0.05%。这已经违反了英国酒后驾驶的限定量。
　　那么，我们每天需要睡几个小时呢？调查显示，每个人所需的睡眠时间不同。因此，如果我们白天不困，那睡眠时间就足够了。

読解/阅读 16

　　わたしたちは日常いろいろな言葉を使います。友だちと話をしたり、家族と会話をしたり、会議をしたり、言葉は人と人とのコミュケーションに大切なものです。そして使う言葉によって人を喜ばせたり、悲しませたり、怒らせたり、（　ア　）言葉によって人を殺してしまうこともあります。
　　日本の言葉は美しく使うために、そして相手を思いやる言葉として、敬語があります。今の若い人は言葉が乱れているとよく聞きますが、あなたはどうですか。年上の人、先輩にも友だちと同じような言い方をしていませんか。
　　言葉には心が現われてきます。だから、言葉が乱れてくることは、心が乱れていることの現われなのです。心が乱れるということは、正常な判断ができなくなってしまうことなのです。
　　日本語には、相手を思いやる美しい言葉がたくさんあります。日本語を正しく使うことは、人を思いやる優しい心を育ててくれます。人を思いやる優しい心からは、自然に美しい言葉が出てきます。美しい言葉は、相手の心を暖かくさせます。そして喜びとなり、勇気となって相手を励まします。
　　言葉は生きています。言葉によって、人を殺すことも生かすこともできるから、言葉を大切に使いましょう。

1. 文中の（ ア ）に入れるのに最も適当なものはどれか。
A. けれど B. それでは
C. それなら D. あるいは
2. 文中に「言葉によって人を殺してしまう」とあるが、それはどういう意味か。
A. 正常な判断ができなくなること
B. 言葉は相手を思いやって言うこと
C. 言葉が人を死なせるほどひどいこと
D. 人とのコミュニケーションができなくなること
3. 文中に「心が乱れている」とあるが、そういう場合は言葉がどうなるか。
A. 言葉が美しくなる B. 言葉が暖かくなる
C. 言葉が優しくなる D. 言葉が混乱してくる
4. 文中の「美しい言葉」の前提となるものはどれか。
A. 相手を思いやること B. 判断ができないこと
C. 人を悲しませること D. 心が現れていないこと
5. この文章で筆者が最も言いたいことはどれか。
A. 言葉はこわいものではない
B. 言葉を美しく大切に使おう
C. 言葉は生きているとは限らない
D. 日本には美しい言葉がすこしある

(2018 高考日语阅读)

词语解析

コミュニケーション④ 沟通，交流

思いやる④⓪ 为对方着想，体谅

若い② 年轻

乱れる③ 混乱，错乱；困惑

年上⓪ 年长

現われる④ 流露，露出

正しい③ 对，正确，准确

励ます③ 鼓励，激励

生かす② 让……活下去

语法解析

～せる／させる

[意思]
动词的使役形式。表示强制对方做某事或向对方发出命令。让……，使……。
[接续]
五段动词 ＋ せる
一段动词 ＋ させる
する → させる
来る → こさせる
[例句]

- そして使う言葉によって人を喜ばせたり、悲しませたり、怒らせたり、あるいは言葉によって人を殺してしまうこともあります。（语言可以让人快乐、悲伤、愤怒，语言也能杀人。）

- 美しい言葉は、相手の心を暖かくさせます。（美丽的语言能温暖对方的心。）

- お母さんは子供に野菜を食べさせる。（妈妈让孩子吃蔬菜。）

- 先生は小柳さんに例文を読ませた。（老师让小柳同学读例句。）

- 親に心配させることをしてはいけない。（不能做让父母担心的事。）

- 上司は部下にお酒を飲ませた。（上司让下属喝酒。）

～ませんか

[意思]
是劝诱、邀约对方一起做某事的表达形式，也可以表示否定疑问。我们一起……怎么样？……吗？是否……？

[接续]
V - ＋ ませんか

[例句]

・年上の人、先輩にも友だちと同じような言い方をしていませんか。（你与老年人和前辈交谈的方式和与朋友交谈的方式一样吗?）

・今度の週末、一緒に映画を見に行きませんか。（这周末，一起去看电影怎么样？）

・土曜日の交流会に参加しませんか。（一起参加星期六的交流会吧。）

练 习

以下の言葉や文法を使って、1つの文を作りなさい。/请用下列词汇和短语造句。

1. 母・私・買い物・行く（〜せる/させる）

2. 一緒に・図書館・勉強する（〜ませんか）

译 文

　　我们在日常生活中会使用各种各样的语言。我们和朋友聊天，和家人谈话，举行会议等。语言是人与人沟通的重要方式。语言可以让人快乐、悲伤、愤怒，语言也能杀人。

　　日本语言优美，时时为对方着想，所以有敬语。常听人说现在的年轻人语言混乱，你呢？你与老年人和前辈交谈的方式和与朋友交谈的方式一样吗？

　　言为心声。因此，当语言混乱时，就表明我们的内心混乱了。心乱了，就无法做出正常的决定。

　　日语中有许多为他人着想的优美词语。正确使用日语可以培养一颗善良体贴的心。一颗善良体贴的心自然会产生美好的语言。美好的语言会温暖他人的心，成为快乐和鼓励的源泉。

　　语言是有生命的。语言可以杀人，也可以给人带来生机，因此要谨慎使用。

読解/阅读 17

　どこまで似ているか、非常に似ている双子の姉妹で試験をしました。お客さん接待専門の人は人の顔をしっかりと覚えられるから、その人が双子の違いを見て区別できるかどうかというテストをしました。
　まず、本屋で姉が店員さんに「数学の教科書ガイド」を探してもらいたい、店員さんが見えなくなった時に、双子の妹が姉に替わって入ってきます。店員さんは双子を見て区別することができるのでしょうか？
　結果は…まったく気づく様子がありませんでした。
　それなら、もっと顔を注意深く見る、専門の人の似顔絵師ならどうでしょうか？旅番組の撮影を称して事実を知らせないままの実験。姉が似顔絵を描いてもらっている途中、携帯電話が鳴って、一度お店の外へ出て…そして、戻ってきたのは双子の妹でした。似顔絵師はそれに気づくのでしょうか？
　結果は…何事もなかったかのように（　ア　）。
　何度も近くで顔を見る人でも双子の違いを区別することができなかったのです。
　実際は双子には一卵性と二卵性があります。二卵性はお母さんのおなかのなかで二組それぞれの卵子と精子が受精したもの。一方、一卵性はおなかのなかで１つの受精卵が２つに別れた状態。（　イ　）一卵性の双子は遺伝子がまったく同じです。だから見た目もまったく同じなんです。

1. 文中の「お客さん接待専門の人」は誰を指すか。
A. 店員さん　　　　　　　　B. 双子の姉
C. 双子の妹　　　　　　　　D. ガイドさん
2. 文中に「気づく様子がありませんでした」とあるが、何に気づかなかったのか。
A. 店員さんの姿　　　　　　B. 妹に変わったこと
C. 店員が見えなくなったこと　D. 姉が数学の本を探していること
3. 文中の（　ア　）に入れるのに最も適当なものはどれか。
A. 部屋を出ました　　　　　B. 携帯電話に出ました
C. 続けて描き始めました　　D. 書き続けるのを止めました
4. 文中の（　イ　）に入れるのに最も適当なものはどれか。
A. その上　　　　　　　　　B. そのため
C. それでは　　　　　　　　D. それなのに
5. 文中に「見た目もまったく同じ」とあるが、その理由はどれか。
A. 双子には一卵性と二卵性があるから
B. 双子は卵子と精子が受精したものだから

C. 一卵性の双子は遺伝子がまったく違うから

D. 一卵性の双子は遺伝子がまったく同じだから

(2017高考日语阅读)

词语解析

双子（ふたご）⓪ 双胞胎

しっかり③ 好好地

違い（ちがい）⓪ 差异，差别

テスト① 测试，试验

探す（さがす）⓪ 找，寻找

替わる（かわる）⓪ 替代，换成

注意深い（ちゅういぶかい）⑤ 仔细，谨慎，细心

似顔絵師（にがおえし）④ 肖像师

旅番組（たびばんぐみ）③ 旅游节目

称する（しょうする）③ 谎称，诈称

知らせる⓪ 告诉，通知

戻る（もどる）② 回来，返回

一卵性（いちらんせい）⓪ 同卵

二卵性（にらんせい）⓪ 异卵

それぞれ② 各自，分别

お腹（おなか）⓪ 肚子

別れる（わかれる）③ 分开，分离

遺伝子② 基因，遗传因子

全く⓪ 完全，一点儿也（都不）

見た目⓪ 看来，外观

语法解析

～てもらう

[意思]
让某人为说话人或说话人一方做某行为的表达方式。让，请……。
[接续]
V-て ＋ もらう
[例句]
- まず、本屋で姉が店員さんに「数学の教科書ガイド」を探してもらいます。（首先，在书店，姐姐让店员帮她找《数学教科书指南》。）
- 姉が似顔絵を描いてもらっている途中、携帯電話が鳴って、一度お店の外へ出て。（在给姐姐画肖像的中途，手机响了，姐姐跑到店外。）
- 地下鉄で、道を教えてもらいました。（在地铁站，请人给我指路。）
- 子供の時、母に絵本を読んでもらっていました。（小时候，让妈妈给我读绘本。）
- 図書館で、係の人に読みたい本を探してもらいました。（在图书馆，让管理员帮我找了本想看的书。）

～た時

[意思]
前接表示状态的谓语た形，表示当时的事情和状态。……的时候。
[接续]
V-た ＋ 時

[例句]

- 店員さんが見えなくなった時に、双子の妹が姉に替わって入ってきます。（在店员看不见的时候，双胞胎妹妹替换姐姐进来了。）

- 日本にいた時は、いろいろ楽しい経験をした。（在日本的时候，有很多愉快的经历。）

- 上海で働いていた時に、彼女と知り合った。（在上海工作的时候，和她认识了。）

- 風邪を引いたとき、薬を飲んで早く寝ます。（感冒的时候，喝了药早点睡。）

- 教室を出たときに、忘れ物に気が付いた。（离开教室时，发现忘了东西。）

- 火事や地震が起こったときには、エレベーターを使用しないでください。（发生火灾和地震的时候，请不要使用电梯。）

练习

以下の言葉や文法を使って、1つの文を作りなさい。/请用下列词汇和短语造句。

1. 店員さん・道・教える（～てもらう）
2. ご飯・食べる・ごちそうさまでした・言う（～た時）

译文

　　到底有多像呢？我们让非常相像的双胞胎姐妹进行了试验。因为专门从事客户服务的人能很容易地记住别人的脸，我们拿他们作为测试对象，看他们能否看出双胞胎之间的差异，并将她们区分开来。
　　首先，在书店，姐姐让店员帮她找《数学教科书指南》。在店员看不见的时候，双胞胎妹妹替换姐姐进来了。店员看到双胞胎能区别出来吗？
　　结果……完全没有察觉的样子。
　　如果是更加关注面容的专业肖像师会怎么样呢？实验是以拍摄旅游节目为幌子进行的，并没有告知对方实情。在给姐姐画肖像的中途，手机响了，姐姐跑到店外……然后，回来的是双胞胎妹妹。肖像师会注意到这一点吗？

结果……就像什么事都没发生过一样,肖像师继续作画。

即使多次近距离观察过双胞胎的面孔,很多人也无法分辨出双胞胎之间的差异。

实际上,双胞胎有同卵和异卵之分。异卵是指在妈妈肚子里分别有两组卵子和精子受精,而同卵是指一个受精卵在腹中分裂成两个。因此,同卵双胞胎基因完全相同,所以长相看起来也完全一样。

読解/阅读 18

他人に注意するのが好きな人がいる。切符売り場などで、人々が列を作って並んでいるのに、割り込む人に、「みんな順番で待っているのよ」などと注意する。内心何か言いたいと思っていた他の人々は、「代わりに言ってくれてよかった」とほっとする。注意されたほうは、文句を言いながらも、列の後ろに並ぶ。

必ずしも自分の得にならない。場合によっては損になるかもしれないのに、他人の利益のためにあえてする、というのが「利他行動」である。

なぜ、注意することが利他行動になるのだろうか。注意された相手は、その後規則を守ってきちんとした行動をとるようになるかもしれない。(ア)、結果、その人と接する人々は、得をすることになる。自分は何の行動も取っていないのだから、「ゼロコスト」で、そのような利益を得たことになる。

注意する人も、そのことで得することもあるかもしれない。一方で、行動することにはエネルギーが必要であり、けんかになったり、不快な思いをしたりする危険もある。そのような不利益を被りながら、他者には無償の利益を与えるという意味で、「注意すること」は利他行動である。

1. 文中に「みんな順番で待っているのよ」などと注意するとあるが、その意味はどれか。
A. 列の後ろに並んでください　　　B. 列の真ん中に並んでください
C. みんな文句を言っているのよ　　D. みんな切符を買っているのよ
2. 文中に「ほっとする」とあるが、なぜほっとするのか。
A. 自分の思ったことをそのまま言ったから
B. 自分の言いたいことを他人が言ってくれたから
C. 割り込む人が列の後ろにおとなしく並んだから
D. 割り込む人が切符を買ってこの場を離れたから
3. 文中の(ア)に入れるのに最も適当なものはどれか。
A. たとえば　　　　　　　　B. そうなれば
C. そういえば　　　　　　　D. そのかわり

4. 文中の「そのこと」が指すのはどれか。
A. 注意すること
B. けんかすること
C. 文句を言うこと
D. 不快な思いをすること

5. 文中に「注意すること」は利他行動なのであるとあるが、その理由はどれか。
A. 注意する人は利益を得ることになるから
B. 注意された人は利益を得ることになるから
C. 注意された人は不利益を被ることになるから
D. 注意する人は不利益を被りながら、他者に利益を与えるから

（2013 高考日语阅读）

词语解析

割り込む③ 插队

順番⓪ 按顺序，依次

ほっと⓪① 安心，放心

必ずしも④ 不一定，未必，不见得

敢えて① 敢于，硬要

きちんと② 整整齐齐，规规矩矩

ゼロコスト③ 零成本

エネルギー②③ 精力

喧嘩⓪ 吵架，争吵

不利益② 不利，无益

被る② 承担，蒙受

语法解析

〜ながら（も）

[意思]
表逆接。虽然……，但是……。

［接続］
N ＋ ながら（も）
Na ＋ ながら（も）
A-い ＋ ながら（も）
V_R- ＋ ながら（も）

［例句］

・注意されたほうは、文句を言いながらも、列の後ろに並ぶ。（被警告的人虽然会抱怨，但也会默默排到队伍后面去。）

・狭いながらも、ようやく自分の持ち家を手に入れることができた。（虽然空间狭小，但终于有自己的家了。）

・桃子ちゃんは子供ながらも、いろんなことを知っている。（小桃子虽然是孩子，却知道很多事情。）

・彼女はダイエットすると言っていながら、今日もアイスを食べた。（她说要减肥，今天却也吃了冰激凌。）

练习

以下の言葉や文法を使って、1つの文を作りなさい。/请用下列词汇和短语造句。

貧しい・幸せ・暮らす（～ながらも）

译文

有人喜欢提醒别人。例如在售票处等地，在人们排队时，他们会提醒插队的人说："大家都按顺序排着呢。"心里想说些什么的人松了口气："替我说了，真是太好了。"被警告的人虽然会抱怨，但也会默默排到队伍后面去。

这未必是为他们自己着想，有时可能还对自己不利，但为了他人的利益敢于去说，这就是"利他行为"。

为什么提醒会成为利他行为呢？因为被提醒的人也许以后会遵守规则，规规矩矩地行动，那样的话，和他接触的其他人都会受益。那些人自己并没有采取任何行动，因此他们以"零成本"获得了这样的利益。

那些提醒别人的人也可能因此受益。另一方面，行动需要付出精力，而且有可能引起争吵或被冒犯。在遭受这种不利的同时，给予他人无偿的利益，从这个意义上来讲，"提醒别人"是一种利他行为。

読解/阅读 19

　　失敗しないためのいちばんの方法は、何も新しいことに挑戦しないことです。しかし、そうした人は失敗しないかもしれませんが、その人には成功も喜びも訪れません。それどころか、何もしなかったことで、結局だんだん悪い状態になるだけかもしれません。

　　失敗はマイナス面だけ見れば、確かにこれほど嫌なものはありません。（　ア　）反対にプラス面を見てみると、失敗が人類の進歩、社会の発展に大きく貢献してきた事実があることも忘れてはならないように思います。

　　昔から人間は失敗に学び、そこからさらに考えを深めてきました。人々の生活を楽にした発明を振り返ってみても、そのすべては「失敗は成功の母」、「失敗は成功のもと」などの言葉に代表されるようなもので、過去の失敗から多くのことを学んで、これを新しい創造の種にすることで、成功できたのです。

　　個人のことを考えても同じことが言えます。わたしたちが日常的に行っているすべての事、仕事でも家事でも、趣味でも何でも、失敗がなければ、上手になることは（イ）です。人の行動には必ず失敗がつきものですが、一方でそうした失敗がなければ、人間が成長していくこともまたあり得ません。

1. 文中の「その人」とはどのような人か。
A. 失敗しか知らない人　　　　　B. 新しいことに挑戦する人
C. 成功しても喜びもしない人　　D. 新しいことに挑戦しない人
2. 文中の（　ア　）に入れるのに最も適当なものはどれか。
A. それで　　　　　　　　　　　B. すると
C. しかし　　　　　　　　　　　D. だから
3. 文中の「そこ」が指すのはどれか。
A. 考えを深めたこと　　　　　　B. 失敗から学んだこと
C. 人類が進歩したこと　　　　　D. 社会の発展に貢献したこと
4. 文中の（　イ　）に入れるのに最も適当なものはどれか。
A. 可能　　　　　　　　　　　　B. 能率
C. 不思議　　　　　　　　　　　D. 不可能
5. 筆者の最も言いたいことはどれか。
A. 挑戦しなければ必ず成功する
B. 失敗から学ぶことが大切である

C. 失敗はプラスの面ばかりである
D. 失敗はマイナスの面ばかりである

(2018高考日语阅读)

词语解析

訪れる④ 到来，来临

それどころか③ 岂止那样，反而是……

マイナス⓪ 不好，不良

確か① 确实，的确

これほど⓪ 这么，这种程度

プラス⓪① 好处，益处

種① 种子，核儿

语法解析

〜も〜も

[意思]
表示所列举的事情都是这样。……也……也，……都……。

[接续]
N＋も 〜 N＋も

[例句]

- そうした人は失敗しないかもしれませんが、その人には成功も喜びも訪れません。（这样的人也许不会失败，但成功和喜悦都不会降临到他的身上。）

- 私は甘い食べ物も辛い食べ物も好きです。（我既喜欢吃甜的，也喜欢吃辣的。）

- 父は車もバイクも運転することができます。（父亲既会开车，也会骑摩托。）

- この店では、現金でも、クレジットカードでも払うことができます。（这家店既可以现金支付，也可以刷信用卡。）

～てはならない

[意思]
表示不允许做某事。不用于对特定的个人，多用于社会所认定的规则，不能用于上司或长辈。不能……，不应该……。

[接续]
V-て ＋ はならない

[例句]

・プラス面を見てみると、失敗が人類の進歩、社会の発展に大きく貢献してきた事実があることも忘れてはならないように思います。（反过来看积极的一面，失败对人类的进步、社会的发展做出了巨大贡献，这一事实也不能忘记。）

・運転するなら、お酒を飲んではなりません。（开车的话就不能喝酒。）

・近所迷惑になるので、夜遅くに騒いではなりません。（会给邻居造成困扰，晚上不能闹到很晚。）

・明日は健康診断なので、朝食を食べてはなりません。（明天要做体检，所以不能吃早饭。）

・約束を破ってはなりません。必ず守ってください。（不能失约，请务必遵守约定。）

～にする/くする

[意思]
表示作用于某对象，使其发生变化。使其成为……。

[接续]
N/Na ＋ にする
A-く ＋ する

[例句]

・これを新しい創造の種にすることで、成功できたのです。（以此作为创新的种子，从而获得成功。）

・部屋を綺麗にする。（把房间打扫干净。）

・ゲームの音がうるさい。静かにして。（游戏声太吵了。安静点。）

・エアコンをつけて、教室を暖かくした。（打开空调，让教室暖和起来。）

・テレビの音をもっと小さくしてください。（请把电视声音再调小一点。）

～得る/得ない

[意思]
表示可能或不可能存在这样的事情，相信或无法相信会发生这样的事情。可能……，不可能……。

[接续]
V_R - ＋ 得る/得ない

[例句]
・人の行動には必ず失敗がつきものですが、一方でそうした失敗がなければ、人間が成長していくこともまたあり得ません。（失败是人类行为中不可避免的，没有失败，人类就无法成长。）

・タバコの吸い過ぎや、お酒の飲み過ぎは病気の原因になり得る。（吸烟过量或饮酒过量都可能成为病因。）

・長所は時に短所になり得る。（长处有时会变成短处。）

・理想的な会社などというものはあり得ない。（不可能有完全理想的公司。）

・彼女が病気で亡くなったなんてあり得ない。（完全不能相信她已因病去世了。）

・学校一の李さんが日本語能力試験1級に合格しなかったなんて、あり得ないよ。（学校最优秀的李同学竟然没通过日语能力测试1级，真是难以置信啊！）

练习

以下の言葉や文法を使って、1つの文を作りなさい。/请用下列词汇和短语造句。

1. 現金・電子決済・払う（～も～も）

2. 教師・いじめ・見逃す（～てはならない）

3. 字・見える・大きい（～にする/～くする）

4. 心配・問題・ない・人生（～ありえない）

译文

避免失败的最好办法就是不尝试任何新事物，但是，这样的人也许不会失败，但成功和喜悦都不会降临到他的身上。不仅如此，如果什么都不做，结果可能会越来越糟。

如果只看到失败的消极一面，那肯定没有比这更令人厌恶的了。然而，从积极的一面来看，我们不应忘记失败对人类进步和社会发展的巨大贡献。

自古以来，人类就从失败中学习，并在此基础上进一步发展自己的思想。回顾那些给人们生活带来便利的发明创造，无一不体现了"失败是成功之母""失败是成功之源"这样的说法。人们从过去的失败中汲取了很多教训，以此作为创新的种子，从而获得成功。

个人也是如此。我们在日常生活中所做的事情，无论是工作、家务、爱好，还是其他任何事情，没有失败，就不可能做好。失败是人类行为中不可避免的，没有失败，人类就无法成长。

読解/阅读 20

渡り鳥は太陽をコンパスにして旅をするのだそうだが、それほどの能力は人間にはない。地下から地上へ出ようとしたり、電車の中で眠ったりした時、<u>座標感覚を失うこと</u>はよくある。

鳥や魚を見て、人間はどうしてこうも感覚が鈍いのだろうと悔しく思うこともあるが、神は「人間が、人間らしく生きていくために必要な座標感覚」は与えておいてくださったのである。

地下に降りたり、水の中に入ったり、夜に出かけたり、必要以上の速さで走ったりするから…。つまり、<u>人間本来の能力</u>を超えたことをしようとするから、座標感覚の方がついていけないのだと考えられる。

自分の足で歩くのであれば、外国の道でも迷うことは少ない。（　ア　）、自動車で走るともうだめである。これは、景色やその他の座標的データが、歩く速度ならば十分頭に入るけれど、自動車の速度で見る景色の量には、記憶の方がついていけないからであろう。

つまり、科学文明が進めば進むほど、座標感覚は（　イ　）なることになる。

1. 文中に「座標感覚を失うこと」とあるが、その例はどれか。
A. 人間は鳥や魚より感覚が鈍いこと
B. 人間には渡り鳥のような能力がないこと
C. 渡り鳥が太陽をコンパスにして旅をすること
D. 地下から地上へ出ようとした時、方向が分からなくなること
2. 文中に「人間本来の能力」とあるが、それはどんな能力か。
A. 自動車で走りながら景色を見る能力
B. 足で歩き、あまり道に迷わない能力
C. 暗い夜に出かけても、道に迷わない能力
D. 地下に降りたり、水の中に入ったりする能力
3. 文中の（　ア　）に入れるのに最も適当なものはどれか。
A. つまり　　　　　　　　　B. すると
C. ところが　　　　　　　　D. それでは
4. 文中の（イ）に入れるのに最も適当なものはどれか。
A. 鈍く　　　　　　　　　　B. 鋭く
C. 大きく　　　　　　　　　D. 小さく
5. 筆者の最も言いたいことはどれか。
A. 人間は動物と比べて座標感覚が鈍いものだ
B. 人間は動物と比べて鋭く座標感覚を持っているものだ
C. 人間は人間らしく生きていくために座標感覚が必要である
D. 人間は本来の能力で無理なことをするから座標感覚が鈍くなる

（2015高考日语阅读）

词语解析

渡り鳥③　候鸟

コンパス①　罗盘；圆规

座標感覚④　方向感

失う⓪　失去，丧失

鈍い②　迟钝，不灵敏

データ①　资料，数据

つまり①　总之，也就是说

语法解析

～そうだ

[意思]
表示传闻，是说话人将看到、听到的信息传达给他人的表达形式。据说，听说，据……。

[接续]
N/Naだ ＋ そうだ
A/V ＋ そうだ

[例句]

・渡り鳥は太陽をコンパスにして旅をするのだそうだが、それほどの能力は人間にはない。（据说，候鸟在迁徙途中会把太阳当作指南针，但人类却没有这种能力。）

・あの人は学生ではなくて社会人だそうだ。（据说那个人不是学生，是社会人士。）

・ニュースによると、今年は大雪で交通事故が激増しているそうだ。（据新闻报道，今年由于大雪，交通事故激增。）

・パンフレットによると、この寺は500年前に建てられたそうです。（据简介，这座寺庙是500年前建造的。）

～と考えられる

[意思]
用于把自己的想法当作有某种根据的客观性事实来陈述。一般认为……，人们认为……。

[接续]
N/Na/A/V ＋ と考えられる

[例句]

・つまり、人間本来の能力を超えたことをしようとするから、座標感覚の方がついていけないのだと考えられる。（也就是说，因为我们想要做超出人类能力范围之外的事情，方向感才会跟不上。）

・和食はカロリーが低くて、体にいいと考えられている。（人们认为日式餐饮热

量低，对身体好。)
- 将来は、ロボットの技術が進んでいくと考えられる。(将来机器人技术会进展顺利。)
- 彼女は優秀な医者であると考えられている。(人们认为她是位优秀的医生。)

～であろう

[意思]
表示说话人的推测。……吧。
[接续]
N/Na/A/V ＋ であろう
[例句]

- これは、景色やその他の座標的データが、歩く速度ならば十分頭に入るけれど、自動車の速度で見る景色の量には、記憶の方がついていけないからであろう。(这可能是因为，在步行速度下，景物和其他坐标数据足以进入大脑，但以汽车速度计，看到景物的量就超出了记忆的处理能力吧。)
- 学校ではネット依存防止教育を取り入れることが必要であろう。(在学校里加入防止网络沉迷的教育是必要的吧。)
- 笑顔の力は大きいであろう。(笑容的力量是很大的吧。)
- この説明がこの論文の最も重要なところであろう。(这一解释或许是本文最重要的部分。)
- 彼はもうすぐここへ到着できるであろう。(他马上就能到这里了吧。)

练习

以下の言葉や文法を使って、1つの文を作りなさい。/请用下列词汇和短语造句。

1. 天気予報・来週・雨（～そうだ）

2. マクドナルド・カロリー・高い・メニュー・多い（～と考えられる）

3. この情報・役立つ（～であろう）

译文

据说，候鸟在迁徙途中会把太阳当作指南针，但人类却没有这种能力。从地下走到地面，或在电车里睡觉时，我们经常会失去方向感。

我们看到鸟和鱼有时会懊恼，不明白为何自己的感觉如此迟钝，但神赋予了"人类像人一样生活所必需的方向感"。

我们想钻入地下，想潜入水底，想夜晚外出，想跑得越快越好……也就是说，因为我们想要做超出人类能力范围之外的事情，方向感才会跟不上。

要是步行，在国外也很少迷路，但开车就不行了。这可能是因为，在步行速度下，景物和其他坐标数据足以进入大脑，但以汽车速度计，看到景物的量就超出了记忆的处理能力吧。

换句话说，科学文明越进步，方向感就越迟钝。

読解/阅读 21

　私は、子どもたちには、生きがいを見つけてほしいと思っています。これまでは、「有名大学に入り、いい会社といわれる大企業に就職することが安定した人生と成功への道」といった考え方が王道として信じられてきました。なぜなら、今、子育てをしている親世代が育ったのは、世間的によいといわれるレールに乗っていればある程度安心という「正解がある時代」だったからです。

　でも「終身雇用」や「年功序列」という制度が崩れ、たとえ「いい会社」に入れたとしても、それで一生が保証されるわけではありません。将来を見通すことが難しい、<u>正解のない時代</u>になったのです。もちろん、よい変化もあり、「どこに住んでも仕事ができるし、いくつ仕事を持ってもいい」と、仕事のやり方も変わり、時間の自由を手に入れ、ハッピーになったという声も聞こえてきます。

　自分がワクワクして取り組めること、本当にやりたいことがある人にとっては、可能性にあふれた時代になってきました。（　ア　）、毎日をワクワクしながら暮らしている大人はどのくらいいるでしょうか。周りを見回しても、あまり見当たらないように感じます。

　それどころか、急に「やりたいことをやりなさい」「あなたはどう考えるの？」と言

われて、「えっ？そんなこと言われても…」と困っている人が多いようです。それは、これまで、新しいことに挑戦しようとしたときに、親や先生から否定が、人と違う意見を言ったら白い目で見られたりという経験を繰り返した結果、自分の考えを持たないほうが生きやすいということを学習してきてしまったからかもしれません。

1. 今、子育てをしている親世代が育った時代はどんな時代か。
A. 正解にこだわらない時代
B. 誰でも簡単にいい企業に就職できる時代
C. 世間的によいと思われることをやればいい時代
D. 有名な大学に入らなくても安定した生活ができる時代
2. 文中の「正解のない時代」とは何か。
A. 将来どうなるか分からない時代
B. だれでも一生が保証される時代
C. 「終身雇用」「年功序列」の時代
D. どんな企業がいい企業か分からない時代
3. 文中の（　ア　）に入れるのに最も適当なものはどれか。
A. だから　　　　　　　B. しかし
C. ところで　　　　　　D. したがって
4. 毎日ワクワクしながら暮らすことができないのはなぜか。
A. 仕事のやり方が変わったから
B. 他の人が可能性にあふれているから
C. 自分が本当にやりたいことが分からないから
D. 時間の自由を手に入れることができないから
5. 文中に「困っている人が多い」とあるが、なぜそうなったか。
A. 年功序列制度が崩れたから
B. 親や先生の教育に問題があったから
C. 新しいことに挑戦しようとしないから
D. 生きやすい生き方をしている人が少ないから

（2022高考日语阅读）

词语解析

生き甲斐⓪③　人生的价值，生活的意义

見付ける⓪　发现，找出

親世代③　父母辈

世間的⓪ 世俗的，公认的

レール⓪ 轨道

見通す⓪ 推测，预料

やり方⓪ 做法

ハッピー① 快乐，高兴

ワクワク① 兴奋，心扑通扑通地跳

取り組む③⓪ 全力对付，专心致力于……

溢れる③ 溢出，充满

暮らす⓪ 生活，过日子

見回す⓪③ 环视

見当たる⓪ 找到，看到

白い目で見る②＋①＋① 冷眼相看

繰り返す③ 反复，重复

语法解析

～てほしい

[意思]
表示说话人对听话人或其他人提出希望或要求。想……，希望……。
[接续]
V-て ＋ ほしい
[例句]

- 私は、子どもたちには、生きがいを見つけてほしいと思っています。（我希望孩子们能找到人生的价值。）

- この勉強会には、たくさんの人に来てほしい。（希望有更多的人来参加这个学习

会。）

- すみません。この漢字の読み方を教えてほしいんですが。（不好意思，想让你教我一下这个汉字的读法。）
- 子供には将来、有名な大学に行ってほしいなあ。（想让孩子将来去有名的大学啊。）

～と思っている

[意思]
表示说话人或第三者的意见、判断或信念。含有一直到现在说话人都持有这种意见或信念的意思。想，感觉，认为……。

[接续]
N/Na/A/V ＋ と思っている

[例句]

- 私は、子どもたちには、生きがいを見つけてほしいと思っています。（我希望孩子们能找到人生的价值。）
- 今回は自分のしたことが正しいと思っている。（我认为这次自己做的事情是对的。）
- 大学を卒業したら、国へ帰ろうと思っています。（我想大学毕业以后回国。）
- 李さんは将来医者になろうと思っています。（小李将来想成为医生。）

～としても

[意思]
表示即使前项条件成立，也不会影响后项条件，常和"たとえ"一起使用。
即使……也……。

[接续]
N/Na＋（だ）としても
A/V ＋ としても

[例句]

- たとえ「いい会社」に入れたとしても、それで一生が保証されるわけではありません。（即使进了"好公司"，也不能保证一辈子都有份好工作）

- たとえ失敗したとしても、またチャレンジすればいい。（即使失败了，也可以再试一次。）

- ミスをしたとしても、素直に謝れば許してもらえるものだ。（即使出错，诚恳道歉的话也会被原谅的。）

- 今からタクシーに乗ったとしても、間に合わないだろう。（即使现在坐出租车去，也来不及了吧。）

- 気になる人への告白が失敗に終わったとしても、自分の気持ちを伝えられるのなら後悔はない。（即使向喜欢的人表白以失败告终，能传达自己的心意也就不后悔了。）

～わけではない／わけじゃない

[意思]
用于现在的状况或表达内容不一定导致必然结果时，表示不是所有都是，部分否定。并不是……，并非……。

[接续]
Nの/な ＋ わけではない／わけじゃない
Naな ＋ わけではない／わけじゃない
A ＋ わけではない／わけじゃない
Vな ＋ わけではない／わけじゃない

[例句]

- それで一生が保証されるわけではありません。（也不能保证一辈子都好。）

- 毎日料理するが、料理が上手なわけではない。（虽然每天做饭，但并不很擅长。）

- この喫茶店はいつも混んでいるが、値段が安いわけではない。（这家咖啡店总是有很多人，但并不是因为价格便宜。）

- たくさんお金があっても、幸せになれるわけじゃない。（即使有很多钱，也不一定能幸福。）

- この商品を作るのは不可能なわけではないが、時間とコストがかかります。（生产这种产品并非不可能，但耗时费钱。）

～ても／でも

[意思]
逆接表达。即使……也……。

[接续]
N/Na ＋ でも
A-く ＋ ても
V-て ＋ も

[例句]

- 周りを見回しても、あまり見当たらないように感じます。（环顾四周，似乎没看到几个。）
- 留学しても、ちゃんと勉強しないと話せるようになりません。（即使留学，不好好学的话也不能说得很好。）
- 友達にメールしても、全然返事が返ってこない。（即使给朋友发消息，也完全得不到回复。）
- 宝くじに当たっても、高価な物を買うつもりはありません。（即使中了彩票，也不打算买高价物品。）
- もうすぐテストですから、眠くても勉強しなければなりません。（马上就要考试了，再困也要学习。）
- 嫌いでも、野菜はちゃんと食べなさい。（即使不喜欢吃，也要适当吃蔬菜。）

～どころか

[意思]
用于后续内容与前述内容事实相反的情况。哪里……。

[接续]
N/Na（な）＋ どころか
A-い ＋ どころか
V-る ＋ どころか

[例句]

- それどころか、急に「やりたいことをやりなさい」「あなたはどう考えるの？」と言われて、「えっ？そんなこと言われても…」と困っている人が多いようです。

（不仅如此，他们会突然说"做你想做的事""你是怎么想的?""嗯?这么说也……"很多人似乎对此感到困惑。）

- 日本語どころか、英語や韓国語も話せる。（何止日语，英语和韩语也会说。）

- 風雨は弱まるどころか、ますます激しくなってきた。（风雨哪里变弱了，还越发强劲了。）

- 彼女は静かなどころか、すごいおしゃべりだ。（她哪里安静，非常能聊。）

- この映画は子供どころか、大人でも感動して泣いてしまうほどの傑作だ。（何止孩子，这部电影是连大人都会感动落泪的杰作。）

～なさい

[意思]
表示命令或指示。如父母对孩子，教师对学生，处于监督岗位的人多用此句型。
[接续]
V_R ＋ なさい
[例句]

- やりたいことをやりなさい。（做你想做的事。）

- 次の質問に答えなさい。（回答下列问题。）

- しっかり考えてから、言いなさい。（好好考虑后再说。）

- 静かにしなさい。（安静！）

～結果

[意思]
根据前项，在后项表示因此导致的结果。结果……，由于……。
[接续]
Nの ＋ けっか
V-た ＋ けっか
[例句]

- それは、これまで、新しいことに挑戦しようとしたときに、親や先生から否定が、

人と違う意見を言ったら白い目で見られたりという経験を繰り返した結果、自分の考えを持たないほうが生きやすいということを学習してきてしまったからかもしれません。（这可能是因为他们曾多次有过这样的经历：当他们尝试新事物时，遭到父母或老师的拒绝；当他们表达与他人不同的观点时，遭到白眼。因此，他们可能慢慢体会到，没有自己的想法会活得更轻松。）

- 毎日、10分シャドーイングの練習を続けた結果、発音が良くなった気がする。（每天做10分钟跟读训练后，感觉发音变好了。）
- 無理をした結果、体を壊して入院することになった。（逞强之后，搞坏身体住院了。）
- ダイエットの結果、3か月で10キロ体重が減った。（通过节食，3个月体重减少了10公斤。）

～かもしれない

[意思]
是说话人进行推测的一种表达形式。也许，可能，没准儿。
[接续]
N/Na/A/V ＋ かもしれない
[例句]

- 自分の考えを持たないほうが生きやすいということを学習してきてしまったからかもしれません。（也许是因为我们已经知道，如果没有自己的想法，生活会更容易。）
- 午後から雨が止むかもしれない。（下午雨可能会停。）
- 走れば終電に間に合うかもしれません。（跑起来的话，也许能赶上最后一班电车。）
- 新しい先生は顔怖いし、眼鏡かけてるし、厳しいかもしれない。（新老师很严肃，又戴着眼镜，可能是位很严厉的老师。）

练习

以下の言葉や文法を使って、1つの文を作りなさい。/请用下列词汇和短语造句。

1. 早い・夏休み・来る（～てほしい）

2. 明日・病院・行く（～と思っている）

3. 雪・降る・仕事・休む（～としても）

4. 今日・休み・暇（～わけではない/わけじゃない）

5. 今・急ぐ・間に合う（～ても/でも）

6. 日本語・英語・フランス語・話せる（～どころか）

7. 次の文章・読む・質問・答える（～なさい）

8. 無理・する・入院（～た結果）

9. 仕事・飲み会・参加する（～かもしれない）

译文

　　我希望孩子们能找到人生的价值。一直以来，大家都认为"进入名牌大学，进入优秀的大企业就职，才算是踏上了稳定、成功的人生之路"。这是因为，现在养育孩子的这一代父母成长于一个有"正确答案"的时代。在那个时代，沿着公众认可的轨道前进意味着一定程度的安全。

　　但是，"终身雇佣"和"年功序列"的制度已经崩溃，即使进了"好公司"，也不能保证一辈子都有份好工作。现在很难预见未来，也没有正确的答案。当然，也有一些积极的变化，我们听到有人说他们更快乐了，因为他们改变了工作方式，有了更多的自由时间，可以在任何地方工作，想做多少工作就做多少工作。

　　对于那些从事自己喜欢的工作的人，以及真正想做事的人来说，现在已经是一个充满可能性的时代了。但是，有多少成年人每天为之兴奋？环顾四周，似乎没看到几个。

　　不仅如此，他们会突然说"做你想做的事""你是怎么想的？""嗯？这么说也……"很多人似乎对此感到困惑。这可能是因为他们曾多次有过这样的经历：当他们尝试新事物

时，遭到父母或老师的拒绝；当他们表达与他人不同的观点时，遭到白眼。因此，他们可能慢慢体会到，没有自己的想法会活得更轻松。

読解/阅读 22

　　これまでの教育では、人間の頭脳を倉庫のようなものだと見てきた。知識をどんどんためる。倉庫は大きければ大きいほどよろしい。中にたくさんのものが入っていればいるほどけっこうである。
　　人間の頭はこれからも、一部は倉庫の役を果たし続けるが、それだけではいけない。新しいことを考え出す工場でなくてはならない。倉庫なら、入れたものをなくさないようにしておけばいいが、ものを作り出すには、そういう保存保管の能力だけでは足りない。
　　工場にどんなものでも入っていては作業能率が悪い。必要でないものは捨てて広い（ア）をとる必要がある。そうかといって、すべてのものを捨ててしまっては仕事にならない。整理が大事になる。
　　倉庫の整理はそこにあるものを順序よく並べることであるが、（イ）、工場内の整理は、作業の邪魔になるものを捨てることである。
　　この工場の整理に当たるのが忘却である。人間の頭を倉庫として見る場合、忘却は危険だが、人間の頭を工場としてみる場合、能率をよくしようと思えば、どんどん忘れることが必要である。

1.「これまでの教育」では人間の頭をどう見てきたか。
　A. 倉庫のようなものだ　　　　　B. 工場のようなものだ
　C. 頭が大きければいいものだ　　D. 新しいことを考え出すものだ
2. 文中の「それ」の指すものはどれか。
　A. 継続の能力　　　　　　　　　B. 作業の能力
　C. 保存保管の能力　　　　　　　D. 製品生産の能力
3. 文中の（ア）に入れるのに最も適当なものはどれか。
　A. 態度　　　　　　　　　　　　B. 空間
　C. 時間　　　　　　　　　　　　D. 立場
4. 文中の（イ）に入れるのに最も適当なものはどれか。
　A. あるいは　　　　　　　　　　B. たとえば
　C. それでは　　　　　　　　　　D. それに対して
5. この文章の内容に合っているものはどれか。
　A. 倉庫と工場の整理をしてはいけない
　B. 知識を勉強する時、忘却が必要である

C. 知識を整理する時、忘却も必要である
D. 人間の頭は倉車とまったく同じである

(2019 高考日语阅读)

词语解析

どんどん① 顺畅，连续不断
ためる⓪ 积累，积攒
けっこう① 好极了，够了

役② 角色，职责

果たす② 起作用

作り出す④ 制造，生产；创造，发明

足りる⓪ 足够，够

能率⓪ 效率

そうかといって①+⓪ 虽说如此

大事③ 重要

邪魔⓪ 妨碍，打搅

捨てる⓪ 扔掉，丢弃

当たる⓪ 担任，负责

忘却⓪ 忘记，忘却

语法解析

～ば～ほど

[意思]
表示前项事物的程度增强，受此影响，后项事物的程度也越发强。越……越……。

［接续］
Na ＋ であれば ～ Na ＋ であるほど
A-い ＋ ければ ～ A-い ＋ ほど
V-ば ～ V-る ＋ ほど
［例句］

・倉庫は大きければ大きいほどよろしい。（仓库越大越好。）

・中にたくさんのものが入っていればいるほどけっこうである。（里面装的东西越多越好。）

・この問題は考えれば考えるほど分からなくなる。（这个问题越想越不明白。）

・日本語は勉強すればするほど難しくなる。（日语越学越难。）

・駅に近ければ近いほど、家賃は高くなる。（离车站越近，租金越贵。）

・仕事は大変であれば大変であるほど、やる気が出る。（工作越难越有干劲。）

～続ける

［意思］
表示动作或习惯继续。继续……。
［接续］
V_R - ＋ 続ける
［例句］

・人間の頭はこれからも、一部は倉庫の役を果たし続けるが、それだけではいけない。（人脑今后会部分地继续发挥仓库的作用，但不能仅止于此。）

・このかばんを10年以上も使い続けている。（这个包我已经用了10年以上了。）

・日本語学校を卒業しても、日本語を勉強し続けるつもりです。（即使日语学校毕业了，也打算继续学习日语。）

・この街が大好きですから、結婚してもここに住み続けるつもりです。（因为很喜欢这条街道，所以即使结婚也打算继续住在这里。）

- 1時間以上待ち続けているが、まだ飛行機が来ない。（已经等了1个多小时了，但飞机还没来。）

～なくてはならない／なくてはいけない／なければならない／なければいけない

[意思]
表示行为是"义务的""必要的"。必须……，务必……。

[接续]
V-＋ なくてはならない／なくてはいけない／なければならない／なければいけない

[例句]
- 新しいことを考え出す工場でなくてはならない。（它必须是一个产生新想法的工厂。）

- 中国で生活するなら、中国の法律を守らなくてはならない。（要在中国生活，就必须遵守中国的法律。）

- 明日までに宿題を終わらせなくてはならない。（必须在明天之前完成作业。）

- 彼女に本当のことを話さなくてはならない。（必须告诉她事实真相。）

～ていては

[意思]
与句尾的负面内容相呼应，表示这样做会导致不良后果。多用于说话人想表达应该尽量避免这种情况的场合。要是……的话。

[接续]
V-て ＋ いては

[例句]
- 工場にどんなものでも入っていては作業能率が悪い。（工厂里什么东西都放的话，工作效率会很低。）

- そんなに甘いものばかり食べていては太りますよ。（总吃那么甜的食物会胖的哟。）

- いつも親に頼っていては、成長できないよ。（总是依赖父母是不会成长的哦。）

- いつもそんな暗いところで本を読んでいては、目が悪くなっちゃうよ。（总在那么暗的地方看书，眼睛会坏掉的哟。）

练 习

以下の言葉や文法を使って、1つの文を作りなさい。/请用下列词汇和短语造句。

1. 旅行・荷物・軽い（～ば～ほど）

2. 結婚・仕事・する（～続ける）

3. 明日の朝・試験・起きる（～なくてはならない／なくてはいけない／なければならない／なければいけない）

4. 毎日・寝る・太る（～ていては）

译 文

　　迄今为止，教育一直将人脑视为一个仓库。它储存着越来越多的知识。仓库越大越好，里面的东西越多越好。

　　人脑今后会部分地继续发挥仓库的作用，但不能仅止于此，它必须是一个产生新想法的工厂。在仓库里，你只需确保放进去的东西不会丢失，但要创造东西，这种储存和保存能力是不够的。

　　工厂里什么东西都放的话，工作效率会很低。不需要的东西就要舍弃，以便获取更大的空间。话虽如此，但如果把所有的东西都扔掉，那就没法工作了，因此，整理就变得尤为重要。

　　整理仓库意味着把东西摆放整齐，而整理工厂则意味着扔掉妨碍工作的东西。

　　负责整理这个工厂的就是遗忘。如果把人脑看作仓库，遗忘是危险的，但如果把人脑看作工厂，为了提高效率，就必须不断遗忘。

読解/阅读 23

　「一人練習帖」とは、文字通り、一人の時間を如何にして持つか、増やしていくかという勉強である。

　簡単なようで難しい。家族がいる。友だちがいる。なかなか自分一人の時間は訪れない。向こうからやってくるのを待っていては、いつになるか分からない。自分で無理やりそういう時間を作って、他人に邪魔されないようにするしかない。

　決めるのは自分である。主婦の場合、朝、夫や子どもが出かけてしまったら、自分の時間になるわけだから、テレビもラジオもスマホも消して、15分でもいい、10分でもいいから一人だけで自分に向き合って過ごそう。

　窓の外を見る。黄色くなった銀杏の葉が、風に吹かれて、散っている。銀杏の枝に葉のように張り付いているのは鳥だ。青い色をしている。あんな青い色は野鳥には見かけない。都会のどこかで飼われていたのが逃げ出したのだろうか。

　そんなとりとめもないことを考える時間から始めよう。心を遊ばせる。自分の頭で考える。私にとっては、もっともぜいたくな時間である。テレビを見ていたのでは気づかない。スマホでメールや電話をしていたのでは、決して得られない一時。それを（　ア　）と感じることができるだろうか。

1. 文中に「難しい」とあるが、何が難しいのか。
A. 一人練習帖をまとめるのが難しい
B. 文字通りに練習帖を作るのが難しい
C. 時間を大切にして、勉強するのが難しい
D. 一人でいる時間を増やしていくのが難しい

2. 文中に「いつになるか分からない」とあるが、それはなぜか。
A. 自分で決められないから
B. 向こうからやってくるのを待っていないから
C. 自分から作らなければ一人の時間はなかなかないから
D. ラジオやテレビ、スマホなどのほうがずっと楽しいから

3. 文中の「鳥」はどんな鳥か。
A. 青い色の野鳥　　　　　　B. 都会で暮らしている野鳥
C. どこかの家から逃げ出した鳥　　D. 田舎から都会に逃げてきた鳥

4. 筆者にとって、次のどれが「ぜいたくな時間」と言えるか。

A. 心を遊ばせる時間　　　　　　B. スマホで遊ぶ時間
C. 友達と一緒にいる時間　　　　D. 家族と過ごす時間

5. 文中の（　ア　）に入れるのに最も適当なものはどれか。
A. 緊張している　　　　　　　　B. 充実している
C. 薄い　　　　　　　　　　　　D. 便利だ

（2021高考日语阅读）

词语解析

～通り① 照样，按照

如何に② 如何，怎样

なかなか⓪ 相当，很；怎么也……，不容易……

向こう② 对方

無理やり⓪ 硬，强迫

邪魔⓪ 妨碍，打扰

向き合う③ 认真对待

張り付く③ 贴着，缠着

野鳥⓪ 野鸟

見かける⓪③ 见到

とりとめ⓪ 要点，重点

贅沢③④ 奢侈，奢华

決して⓪ 决……；绝……

语法解析

～か～か

[意思]
表示在几个选项中任选一个。或，或者，还是。
[接续]
N ＋ か～N ＋（か）
Na/A/V ＋ か～Na/A/V ＋ か
[例句]

- 「一人練習帖」とは、文字通り、一人の時間を如何にして持つか、増やしていくかという勉強である。（所谓"一人练习帖"，顾名思义，就是学习如何拥有或增加个人时间。）

- 良いか悪いか分かりません。（不知道是好还是坏。）

- 当たりか外れか、時の運だ。（中不中都是运气。）

- 二次会は、カラオケに行くかもう少し飲むか、どっちがいいでしょう。（第二次见面，是去唱卡拉 OK 还是去喝几杯？）

なかなか＋否定表达

[意思]
表示难以达成某事。很难……，难以……。
[例句]

- なかなか自分一人の時間は訪れない。（拥有独处时间并不容易。）

- 午後コーヒーを飲んだせいで、なかなか寝られません。（下午喝了咖啡，很难入睡。）

- 毎日体操をし、食べる量も減らしたのですが、なかなか痩せません。（每天坚持锻炼身体，食量也减少了，但还是很难瘦下来。）

- もう中国に来て1年以上経つのですが、中国語がなかなか上手になりません。（已经来中国1年多了，但中文还是很难说好。）

～しかない

[意思]
表示没有其他的方法。只有……，只能……。

[接续]
V-る ＋ しかない

[例句]

- 自分で無理やりそういう時間を作って、他人に邪魔されないようにするしかない。（必须强迫自己挤出这样的时间，不要让其他人妨碍你）
- 一度やると言ったからには、最後までやるしかない。（既然已经说了要做，就只能做到底。）
- 終電に乗り遅れたし、バスもないし、タクシーで帰るしかない。（没赶上最后一班电车，公交也没有了，只能坐出租车回家。）
- こんな経営状況が続くようであれば、店を閉めるしかないです。（如果这种状况持续下去的话，只能关门大吉了。）

练习

以下の言葉や文法を使って、1つの文を作りなさい。／请用下列词汇和短语造句。

1. パーティー・行く・迷う（～か～か）

2. 料理・上手・なる（なかなか～ない）

3. 雨・運動会・中止（～しかない）

译文

所谓"一人练习帖"，顾名思义，就是学习如何拥有或增加个人时间。

听起来容易，做起来却很难。你有家庭，我有朋友，拥有独处时间并不容易。等着它自己来的话，不知要等到什么时候。必须强迫自己挤出这样的时间，不要让其他人妨碍你。

决定在于自己。对于主妇来说，早上丈夫和孩子出门后，就是属于自己的时间。关掉电视、收音机和手机，花15分钟也好，10分钟也好，与自己独处。

眺望窗外，金黄的银杏叶随风飘落。像树叶一样紧贴在银杏树枝上的一只鸟，浑身蓝色。那种蓝色在野鸟里是看不到的。可能是在都市某个地方喂养的，逃出来了吧。

让思绪漫无边际地游走，放飞心灵，自主思考。对我来说，这是最奢侈的时光。这一刻，如果你在看电视，是感受不到的。如果在用手机发短信或打电话，你将永远无法体会到。你能感受到那种充实吗？

読解/阅读 24

　　乳児が笑顔を見た時は脳の反応が緩やかに続くのに対し、怒った顔では反応が急速に低下することが、研究で明らかになった。（　ア　）、笑顔は左側顔部、怒った顔は右側が主に反応するという違いも分かった。

　　じっとしていられない乳児の場合、機能的磁気共鳴画像診断装置による脳の活動の測定は困難なため、研究チームは、頭部に当てた光の反射から脳血流の変化を測定する近赤外分光法装置を採用した。表情認知と関係があるとされる左右側頭部の脳血流を調べた。

　　6〜7か月齢の乳児12人を対象に、見知らぬ女性の笑顔と怒った顔の写真をそれぞれ5秒間ずつ提示した。その結果、笑顔の場合は写真が消えた後も血流の増加がしばらく続いたが、怒った顔では急速に低下した。

　　左右を比較すると、笑顔は言語に関連するとされる左側頭部、怒った顔は注意を何かに向けることと関連する右側頭部が主に反応していた。

　　研究チームは「怒った顔の場合は危険を察知し、すぐ次の行動に移さなければならないので、脳の別の部位に活動が移るのではないか。笑顔の場合は、コミュニケーションを取ろうとする活動が起きていると考えられる」としている。

1. 文中の（　ア　）に入れるのに最も適当なものはどれか。
A. でも　　　　　　　　　　B. また
C. すると　　　　　　　　　D. しかし
2. 乳児の脳反応を測定する方法で正しくないのはどれか。
A. 近赤外分光法装置で測定した
B. 磁気共鳴画像診断装置で測定した
C. 頭部に当てた光の反射から脳血流の変化を測定した
D. 笑顔と怒った顔の写真を見せた後脳血流の変化を測定した
3. 文中に「血流の増加がしばらく続いた」とあるが、その理由はどれか。
A. 写真が消えたから
B. 脳の別の部位に活動が移るから

C. すぐに次の行動に移そうとするから
D. コミュニケーションを取ろうとするから
4. 文中に「左右を比較する」とあるが、何を比較したのか。
A. 左右の顔
B. 左右の写真
C. 左右の脳血流
D. 左右の測定装置
5. この文章の内容に合っているものはどれか。
A. 乳児は笑顔から危険を察知することができる
B. 乳児が笑顔を見た時は脳の反応が急速に低下する
C. 乳児が怒った顔を見た時は脳の反応が緩やかに続く
D. 笑顔は左側頭部、怒った顔は右側頭部が主に反応する

（2014 高考日语阅读）

词语解析

じっと⓪ 一动不动，安静待着

機能的磁気共鳴画像診断装置⑲ 功能磁共振成像诊断装置

研究チーム⑤ 研究小组，研究团队

近赤外分光法装置⑬ 近红外光谱法装置

見知らぬ⓪ 不认识，没见过，陌生

しばらく② 一会儿，暂时；好久，许久

移す② 转，移动

コミュニケーション④ 沟通，交流

语法解析

～ずつ

［意思］
表示等量分配。　每……，一点点地……。
［接续］
数量词 ＋ ずつ

[例句]

- 6～7か月齢の乳児12人を対象に、見知らぬ女性の笑顔と怒った顔の写真をそれぞれ5秒間ずつ提示した。（以12名6～7个月的婴儿为对象，分别出示陌生女性笑脸和怒脸的照片各5秒。）
- 6人ずつでグループを作って討論してください。（每6人一组，进行讨论。）
- 一人に2個ずつチョコレートをあげます。（给每个人两块巧克力。）
- 毎日10個ずつ単語を覚えるようにしています。（我每天都坚持背10个单词。）
- 左目と右目に一滴ずつこの目薬をさしてあげてください。（请给左右眼分别滴一滴这种眼药水。）

～（の）ではないか／んじゃないか

[意思]
对意料外的事情表示惊讶、迷惑，或是对对方表示责难；对自己不确定的事情表示疑问，或者委婉地表达个人观点。"じゃないか"是较随便的说法，主要是男性使用。

[接续]
N/Na ＋（なの）ではないか／（なん）じゃないか
A/V ＋ のではないか／んじゃないか

[例句]

- 自分には小学校の教員が性格的に合っているんじゃないか。（自己在性格上很适合当小学教师。）
- 伊藤さんはもう帰ったではないか。（伊藤小姐不是已经回去了吗？）
- 丸井さんの新居へみんなで遊びに行こうではないか。（大家一起去丸井新家玩怎么样？）
- すごい。やればできるじゃないか。（真厉害，只要做就能做成，不是吗？）
- さっき、危なかったじゃないか。（刚刚不是很危险吗？）

～としている

[意思]
表示"看成……""考虑为……""判断为……"的意思。

[接续]
V ＋ としている

[例句]

- 研究チームは「怒った顔の場合は危険を察知し、すぐ次の行動に移さなければならないので、脳の別の部位に活動が移るのではないか。笑顔の場合は、コミュニケーションを取ろうとする活動が起きていると考えられる」としている。（研究小组认为："如果看到的是生气的表情，就会察觉到危险，必须立刻采取下一步行动，所以活动会转移到大脑的其他部位。看到笑脸，就会认为是想要进行交流。"）

- 今回の社員旅行は社員間の交流を目的で行われたとしている。（本次旅行旨在促进公司间的交流。）

练习

以下の言葉や文法を使って、1つの文を作りなさい。/请用下列词汇和短语造句。

1. 一人・1コ・もらう（～ずつ）

2. みんな・必死・頑張る（～のではないか／んじゃないか）

3. この授業・3回・遅刻・1回・欠席（～としている）

译文

　　研究表明，当婴儿看到笑脸时，大脑的反应会缓慢地持续，而看到生气的脸时，大脑的反应会迅速减弱。研究还发现，脸部左侧主要对微笑做出反应，而脸部右侧主要对愤怒做出反应。

　　由于很难用功能性磁共振成像设备测量坐立不安的婴儿的大脑活动，研究小组采用了一种近红外光谱仪，通过照射头部光线的反射来测量脑血流量的变化。研究人员对左右颞

叶区域的脑血流进行了检测，这两个区域被认为与面部表情识别有关。

　　以12名6～7个月的婴儿为对象，分别出示陌生女性笑脸和怒脸的照片各5秒。结果显示，在笑脸照片消失后，血流量的增加会持续一段时间，而在怒脸照片消失后，血流量会迅速减少。

　　比较头部左右两侧的情况，他们发现，看到笑脸时，主要是与语言相关的头部左侧做出反应；看到怒脸时，主要是与集中注意力相关的头部右侧做出反应。

　　研究小组认为："如果看到的是生气的表情，就会察觉到危险，必须立刻采取下一步行动，所以活动会转移到大脑的其他部位。看到笑脸，就会认为是想要进行交流。"

読解/阅读25

　　言葉というのは時とともに変化するというのも事実だ。変化するからこそ、もとの形を残したい、残さないのは日本語の乱れだと考える一方、場合によっては、その言い方はもう古いというような感想になることもある。言葉は生きているのだ。

　　高校生の作文コンクールの審査員をしていた時のこと、ある都市の課題で、「百聞と一見」というのがあった。「百聞は一見に如かず」という諺を踏まえて、そのどっちがいいのか、という課題だ。

　　ところが、そのテーマに対して、高校生の多くが、視覚情報と聴覚情報はどっちが確かか、という論考をするので驚いてしまった。テレビより、ラジオのほうが真実が伝わったりする、なんていう論だ。

　　違うんだけど、と私は思った。聞くというのは、人に聞くことであり、伝聞なのだ。そして、見るというのは、自分がその目で見ること。（　ア　）、あの諺は伝聞よりも実体験のほうがよく分かる、ということを言っているのである。テレビで戦争の様子を見るのは、むしろ（　イ　）のほうであり、その戦地へ実際に行ってみるのが、（　イ　）である。

　　しかし、テレビのない時代の諺には、テレビで見ることなどはあるはずがない。高校生たちはそこまでは考えられていなくて、ただ目か耳か、という話になってしまうのも無理はない。こうして、諺の意味もニュアンスが変わってしまうのだ。

1. 文中に「言葉は生きているのだ」とあるが、なぜそう言うのか。
A. 言葉は時代とともに変化するから
B. 言葉の古い言い方を残さないから
C. 言葉のもとの形をそのまま残したいから
D. 言葉の変化は日本語の乱れと思われるから
2. 文中に「違うんだけど、と私は思った」とあるが、なぜそう思ったのか。
A. 高校生は新しい言葉を使っているから

B. ラジオよりテレビのほうが真実が伝わるから
C. 高校生は「百聞は一見に知かず」の意味を理解していないから
D. 高校生は視覚情報と聴覚情報とどちらが確かか分からないから

3. 文中の（ ア ）に入れるのに最も適当なものはどれか。
A. それでは　　　　　　　　B. しかし
C. でも　　　　　　　　　　D. つまり

4. 文中の（ イ ）に入れるのに最も適当なものはどれか。
A. 一見/百聞　　　　　　　　B. 百聞/一見
C. 視覚情報/聴覚情報　　　　D. 聴覚情報/視覚情報

5. 文中に「無理はない」とあるが、それは筆者のどんな考えを表すか。
A. 高校生の論考は意外だが、理解できる
B. 高校生の論考はまったく理解できない
C. 高校生の論考は意外だから理解できない
D. 高校生の論考は自分の主張と同じだから、理解できる

（2021高考日语阅读）

词语解析

もと① 原来，原本

乱れ③ 乱

コンクール③ 竞赛

審査員③ 评审委员

如かず②⓪ 不如，最好

諺⓪ 谚语，俗话

踏まえる③ 根据，按照，基于

ところが③ 可是，然而

テーマ① 标题，题目

確か① 确切，可靠

論考⓪ 论述；考察

伝わる⓪ 流传，传遍

伝聞⓪ 传闻，传说

むしろ① 与其……不如，不如；反倒

唯① 只，只是，仅仅

ニュアンス① 细微差别；语感

语法解析

〜とともに

[意思]
表示发生了与这一动作相应的其他动作，或者是两件事情同时发生。随着……，与……的同时。

[接续]
N ＋ とともに
V-る ＋ とともに

[例句]

・言葉というのは時とともに変化するというのも事実だ。（语言会随着时间的推移而发生变化，这也是事实。）

・春が近づくとともに、少しずつ暖かくなってきた。（随着春天临近，天气也越来越暖和。）

・インターネットの普及とともに、いつでもどこでも色んな情報が手に入るようになった。（随着互联网的普及，人们现在可以随时随地获取各种信息。）

・年を取るとともに、記憶力が衰えてきました。（随着年龄的增长，记忆力也在下降。）

〜からこそ

[意思]
表示特别强调原因或理由。正是因为……。

［接续］

N/Na ＋ だからこそ

A/V ＋ からこそ

［例句］

・変化するからこそ、もとの形を残したい、…。（正是因为会发生变化，才想留住原本的形态，……）

・毎日一生懸命に練習したからこそ、優勝できたのです。（正是因为每天拼命练习，才能够获胜。）

・失敗を経験しているからこそ、他人の気持ちがわかるのです。（正是因为经历过失败，才明白别人的心情。）

・毎日しっかり勉強したからこそ、Ｎ１に合格できたんです。（正是因为每天好好学习，才考过了N1。）

・歌を歌うのが好きだからこそ、歌手になったんです。（正是因为喜欢唱歌，所以成了歌手。）

～を踏まえて

［意思］

表示将某事作为前提或判断的根据，是生硬的书面表达方式。根据，依据，在……基础上。

［接续］

N ＋ を踏まえて

［例句］

・「百聞は一見に如かず」ということわざを踏まえて、そのどっちがいいのか、という課題だ。（题目要求根据"百闻不如一见"这条谚语，论述二者到底哪个更好。）

・アンケート調査の結果を踏まえて、商品のデザインを見直します。（根据问卷调查的结果，重新考虑商品设计。）

- あなたはそこを踏まえて、何か良い提案がありますか。（有鉴于此，您有什么好建议吗？）
- 集めたデータを踏まえてレポートを作成します。（根据收集的数据撰写报告。）

～というのは

[意思]
表示对词语、句子等进行说明或定义。所谓……就是……。

[接续]
N ＋ というのは

[例句]

- 聞くというのは、人に聞くことであり、伝聞なのだ。（所谓"闻"，就是听别人说，道听途说。）
- 見るというのは、自分がその目で見ること。（"见"则是亲眼所见。）
- 天才というのは、努力しないでも最初からできる人のことだ。（所谓天才，就是从一开始就能做到不费吹灰之力的人。）
- 東大というのは東京大学のことだ。（东大就是东京大学。）

～より～ほうが

[意思]
表示后项是前项导致的结果。结果……，由于……。

[接续]
N ＋ より～ Nの ＋ ほうが
Naな ＋ より～ Naな ＋ ほうが
A ＋ より～ A ＋ ほうが
V ＋ より～ V ＋ ほうが

［例句］

・あの諺は伝聞よりも実体験のほうがよく分かる、ということを言っているのである。（那句谚语的意思是，实际体验比传闻更可靠。）

・昨日より今日のほうが寒い。（比起昨天，今天更冷。）

・猫より犬のほうが好き。（比起猫，我更喜欢狗。）

・日本語を読むより、話すほうが上手だ。（比起阅读日语，我更擅长说日语。）

・映画は怖いより、面白い方が好き。（比起恐怖电影，我更喜欢有趣的电影。）

～には

［意思］
表示评价的基准。对于……来说。
［接续］
N ＋ には
［例句］

・しかし、テレビのない時代の諺には、テレビで見ることなどはあるはずがない。（但是，这条谚语产生于没有电视的时代，不可能有"看电视"这类情况发生。）

・このTシャツは私には大きすぎるだろう。（这件T恤对我来说太大了吧。）

・この仕事は経験のない人には無理でしょう。（这份工作对没有经验的人来说很难胜任吧。）

・この本は子供には難しすぎる。（这本书对于孩子来说太难了。）

～はずがない

［意思］
表示说话人强烈否定。不可能……，不会……。
［接续］
Nの ＋ はずがない

Na な ＋ はずがない

A/V ＋ はずがない

[例句]

・しかし、テレビのない時代の諺には、テレビで見ることなどはあるはずがない。

（但是，这条谚语产生于没有电视的时代，不可能有"看电视"这类情况发生。）

・あんなまずい料理が食べられるはずがない。（不可能吃得下那么难吃的东西。）

・あのレストランは毎日たくさんの人が並んでいるので、美味しくないはずがない。

（那家餐厅每天都有很多人排队，不可能不好吃。）

・彼女はいつも忙しそうに仕事をしているので、暇なはずがない。（她总是忙于工作，不可能有空。）

・彼は目が青いし、髪はブロンドだし、中国人のはずがない。（他眼睛是蓝色的，头发是金色的，不可能是中国人。）

练 习

以下の言葉や文法を使って、1つの文を作りなさい。/请用下列词汇和短语造句。

1. 春・近づく・暖かい（～とともに）

2. 毎日・練習する・成功する（～からこそ）

3. 先行研究・論文・書く（～を踏まえて）

4. 禁煙・たばこ・吸う（～というのは）

5. 英語・日本語・難しい（～より～のほうが）

6. 合格する・勉強・必要（～には）

7. まずい・料理・食べる（～はずがない）

译 文

  语言会随着时间的推移而发生变化，这也是事实。正是因为会发生变化，才想留住原本的形态，否则会导致日语混乱。同时，在某些情况下，我们可能会觉得，我们说话的方式已经过时了。语言是有生命的。

  我在担任高中生作文大赛的评委时，某个城市的作文题目是"百闻与一见"。题目要求根据"百闻不如一见"这条谚语，论述二者到底哪个更好。

  然而，我惊讶地发现，许多中学生在进行论述时，对视觉信息可靠还是听觉信息可靠争论不休。他们认为广播比电视更能传达真相。

  不是这样的，我想。所谓"闻"，就是听别人说，道听途说；"见"则是亲眼所见。也就是说，那句谚语的意思是，实际体验比传闻更可靠。在电视上看到战争的样子，倒不如说是"百闻"，而实际去战场看看，才是"一见"。

  但是，这条谚语产生于没有电视的时代，不可能有"看电视"这类情况发生。中学生不可能想得那么远，只讨论眼睛和耳朵的关系也就不足为奇了。因此，谚语的含义也会发生细微的变化。

进 阶 篇

次の文章を読んで、質問に答えなさい。答えはABCDの中から一番いいものを1つ選びなさい。/阅读下列文章，回答问题，请从ABCD中选出最佳答案。

読解/阅读 26

　　子どもの習い事として人気の高い「書道」ですが、これはただの「字を上手に書く練習」ではありません。
　　書道をやると、まず集中力が身に付きます。一度墨で紙に書いてしまったら、鉛筆で書く時のように消しゴムで消すことはできません。そのため、書く前に心を落ち着かせ、字の形や筆の動かし方を頭の中に思い浮かべます。その書き方に沿って字を書くので、自然に紙や手に心が集中するのです。
　　それから、道具を扱う力が身に付きます。筆や墨は、正しく持って上手に使わないと、服を汚したりします。子どもたちは、道具の正しい扱い方には意味があると学ぶのです。また、自分の道具を自分で準備したり片づけたりするのも大事な勉強です。
　　（ア）、道具によって、字が上手になるだけでなく、人生に必要な基礎の力をつけることができます。子どもに書道を学んでほしいと考える親は、今後もいなくなることはないでしょう。

1. 文中の「集中力」の具体的に指すものはどれか。
A. 筆で書く時の集中力　　　　　　　B. 鉛筆で書く時の集中力
C. 道具を準備する時の集中力　　　　D. 消しゴムで消す時の集中力
2. 文中の「その書き方」の指すものはどれか。
A. 先生の正しい書き方　　　　　　　B. 墨で書いた時の書き方
C. 鉛筆で書いた時の書き方　　　　　D. 頭の中でイメージした書き方
3. 文中の「道具を扱う力」に合うのはどれか。
A. 筆や墨などを正しく上手に使う力
B. 人から借りた道具を大事に使う力

C. 書道の道具の使い方を人に聞く力
D. 汚した服を自分できれいに洗う力

4. 文中の（　ア　）に入れるのに最も適当なものはどれか。
A. それでは　　　　　　　　　　B. それから
C. このように　　　　　　　　　D. そのように

5. 筆者がこの文章で最も言いたいことは何か。
A. 書道は、本当は家で親が子どもに教えるほうがいい
B. 書道は、人生に必要な基礎の力をつける立派な習い事だ
C. 書道は、字を書く機会が減っても、なくならないだろう
D. 書道は、学ぶことが多いので、大人たちにもぜひ勧めたい

（2019 高考日语阅读）

词语解析

習い事⓪⑤　才艺学习，习艺

書道①　书法

身に付く⓪+①　掌握，习得

消しゴム⓪　橡皮擦

動かす③　移动，挪动

思い浮かぶ⓪⑤　浮现，想出

扱う⓪③　使用

正しい③　对，正确

片づける④　整理，收拾

语法解析

～に沿って

[意思]
接在"河流、道路"或"操作流程"等名词后，表示"正如所延续下去的那样、沿着……一直"的意思。沿着……，跟着……，按照……。

[接续]
N ＋ に沿って

[例句]

- その書き方に沿って字を書くので、自然に紙や手に心が集中するのです。（这样写字时，心思自然就会集中在纸上和手上。）

- 川に沿って500メートルほど歩くと、大きな桜の木が見えます。（沿着河走500米左右，就会看到一棵很大的樱花树。）

- 黄色の線に沿って並んでください。（请沿黄线排队。）

- 今日はお配りしている資料の内容に沿って、発表いたします。（今天，我将根据分发给你们的材料内容进行发言。）

～ことはない

[意思]
表示没有做某事的必要，或者建议不做某事比较好，多用于鼓励或劝解别人。用不着，不要。

[接续]
V-る ＋ ことはない

[例句]

- 子どもに書道を学んでほしいと考える親は、今後もいなくなることはないでしょう。（希望孩子学习书法的父母，今后也不会消失吧。）

- 時間は十分あるから、急ぐことはない。（时间还很充裕，不用慌张。）

- 一生懸命頑張ったんだから、できなくてもがっかりすることはないよ。（已经努力过了，即使没成也不用失望。）
- 明日のテストは簡単だから、心配することはないよ。（明天的考试很简单，不用担心哟。）
- そんなにびっくりすることはないでしょう。（没必要那么吃惊吧。）

练习

以下の言葉や文法を使って、1つの文を作りなさい。/请用下列词汇和短语造句。

1. テーマ・小論文・書く（〜に沿って）

2. ただ・風邪・心配する（〜ことはない）

译文

　　书法是一项很受欢迎的儿童学习活动，但它不仅仅是"练就一手好字"。
　　练习书法，首先要学会集中注意力。一旦用墨写在纸上，就不能像用铅笔写字那样可以用橡皮擦掉。因此，在写字之前，需要静下心来，在脑海中想象字的形状和如何运笔。这样写字时，心思自然就会集中在纸上和手上。
　　然后，还要有使用工具的能力。毛笔和墨水，如果使用不正确、不熟练，就会弄脏衣服。这样，孩子们就懂得了正确使用工具的意义。自己准备和整理工具也是一种重要的学习经历。
　　像这样，工具不仅能帮助他们学好写字，还能让他们掌握生活所需的基本技能。希望孩子学习书法的父母，今后也不会消失吧。

読解/阅读 27

　　読書は人間の特権であります。人間以外に、読書をする存在者というものはありません。それは、人間が（　ア　）存在者で、考えることが人間の偉大性だからであります。動物は、目に見、耳に聞く感覚の世界に住み、それが動物のすべてであるが、人間は、

感覚の世界のほかに、目にも見えず、耳にも聞こえぬ考えられた世界を持っています。（イ）、人間の行為は、風が吹くとか、水が流れるとかいうように自然現象と違うばかりでなく、動物の衝突的な活動とも違って、まず目的をたて、次に手段を考えて、それを実現する活動であります。理念の世界を知っているのは、人間だけであります。文字を媒介者としてこの世界にわれわれを導くものが、すなわち読書なのであります。文字という見ることのできるものを通じて、その背後にある意味を悟ることができる。これは人間にしてはじめてできることで、人間の特権だというべきでありましょう。

1. 文中の（ア）に入れるのに最も適当なものはどれか。
   A. 考える   B. 活動する
   C. 人間である   D. 存在者である
2. 文中の「それ」の指すものはどれか。
   A. 住む世界   B. 感覚の世界
   C. 耳に聞くこと   D. 目に見ること
3. 文中の（イ）に入れるのに最も適当なものはどれか。
   A. しかし   B. すると
   C. または   D. だから
4. 文中の「この世界」の指すものはどれか。
   A. 動物の世界   B. 人間の世界
   C. 理念の世界   D. 文字の世界
5. この文章の内容に最も合っているものはどれか。
   A. 自然も感覚の世界である
   B. 人間は読書が好きである
   C. 読書は人間の持つ特権である
   D. 人間も動物も同じ世界を持っている

（2013 高考日语阅读）

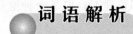
词语解析

とっけん
特権⓪ 特权

しょうとつてき
衝突的⓪ 本能的，冲动的

た
立てる② 制定（目标）

みちび
導く③ 引导

すなわち② 即，就是，换言之

通(つう)じる⓪ 通过

悟(さと)る⓪② 领悟

语法解析

～であります
[意思]
"である"的礼貌形式。是……。
[接续]
N/Na/A/V ＋ であります
[例句]

- 読書は人間の特権であります。（读书是人类的特权。）

- それは、人間が考える存在者で、考えることが人間の偉大性だからであります。（这是因为人是会思考的生物，思考是人的伟大之处。）

- 人間の行為は、風が吹くとか、水が流れるとかいうように自然現象と違うばかりでなく、動物の衝突的な活動とも違って、まず目的をたて、次に手段を考えて、それを実現する活動であります。（人类的行为不仅与风吹、水流等自然现象不同，也与动物的冲动性活动不同，是先设定目的，再考虑手段，然后实施的活动。）

- 理念の世界を知っているのは、人間だけであります。（了解理念世界的，只有人类。）

- 文字を媒介者としてこの世界にわれわれを導くものが、すなわち読書なのであります。（以文字为媒介引导我们进入这个世界的，就是读书。）

- これは人間にしてはじめてできることで、人間の特権だというべきでありましょう。（这是只有人类才能做到的，应该说是人类的特权吧。）

～ぬ
[意思]
相当于"ない"的意思，是老旧的表达形式，很少出现在日常生活中。不……。

[接续]
V‐＋ぬ
＊「する」→「せぬ」
[例句]

・人間は、感覚の世界のほかに、目にも見えず、耳にも聞こえぬ考えられた世界を持っています。（而人类除了感官世界之外，还有一个眼睛看不见、耳朵也听不到的思想世界。）

・私の知らぬ間に、夫が仕事をやめていた。（在我不知道的时候，丈夫辞职了。）

・昨日は眠れぬ夜を過ごした。（昨天一夜未眠。）

・家族にいらぬ心配をかけてしまった。（给家人带来了不必要的焦虑。）

～とか～とか

[意思]
表示举出几个类似的例子。……或……，……啦……啦。
[接续]
N/V ＋ とか
[例句]

・人間の行為は、風が吹くとか、水が流れるとかいうように自然現象と違うばかりではない。（人类的行为不仅与风吹、水流等自然现象不同。）

・ギターとかベースとかの楽器が弾けるようになりたい。（想学会弹吉他呀、贝斯呀这样的乐器。）

・フライドチキンとかピザとか、カロリーの高いものばかり食べているのは太りやすくなるよ。（炸鸡呀、比萨呀等，老吃热量高的食物容易胖哟。）

・日本語をもっと上手に話せるようになりたいなら、日本人の友達を作るとか、交流会に参加するとか、いろんな方法がある。（如果想让日语说得更好，可以交日本朋友，参加交流会等，有很多方法。）

～ばかりでなく

[意思]
不仅仅只是，还有……。

[接续]
N ＋ ばかりでなく
Na な/である ＋ ばかりでなく
A ＋ ばかりでなく
V ＋ ばかりでなく

[例句]

・人間の行為は、風が吹くとか、水が流れるとかいうように自然現象と違うばかりでなく、動物の衝突的な活動とも違って、まず目的をたて、次に手段を考えて、それを実現する活動であります。（人类的行为不仅与风吹、水流等自然现象不同，也与动物的冲动性活动不同，是先设定目的，再考虑手段，然后实施的活动。）

・彼女は英語ばかりでなく、日本語も話せる。（她不仅会说英语，也会说日语。）

・徐さんは綺麗なばかりでなく、性格もいい。（徐小姐不仅漂亮，性格也好。）

・日本で生活をすると、日本語ばかりでなく日本の文化や習慣なども学ぶことができる。（在日本生活的话，不仅能学习日语，还能学到日本文化和习惯等。）

～と違って

[意思]
和……不同，与……不同。

[接续]
N ＋ と違って

[例句]

・人間の行為は、風が吹くとか、水が流れるとかいうように自然現象と違うばかりでなく、動物の衝突的な活動とも違って、まず目的をたて、次に手段を考えて、それを実現する活動であります。（人类的行为不仅与风吹、水流等自然现象不同，

也与动物的冲动性活动不同，是先设定目的，再考虑手段，然后实施的活动。）

- 私は妹と違って、絵を描くのが大好きです。（和妹妹不同，我很喜欢画画。）

- 母親と違って、彼女はとても料理が上手だ。（和母亲不同，她非常擅长做饭。）

- 人間は機械と違って、感情を持っている。（人与机器不同，是有感情的。）

～を通じて

[意思]
在表述经由某事物来传达信息或建立关系时使用。通过……，以……为手段，以……为媒介。

[接续]
N ＋ を通じて

[例句]

- 文字という見ることのできるものを通じて、その背後にある意味を悟ることができる。（通过文字这一可见之物，可以领悟其背后的含义。）

- 世界一周の旅を通じて、色々な国の文化や習慣を知りました。（通过环游世界，了解了许多不同国家的文化和习俗。）

- 最近の若い人の中にはインターネットを通じて、彼氏、彼女を見つける人もいます。（如今，一些年轻人利用互联网寻找自己的男朋友和女朋友。）

- 今回の勉強会を通じて、学習の進め方や発表の仕方など多くのことを学んだ。（通过这次研讨会，我学到了很多东西，比如如何学习、如何做演讲等。）

～てはじめて

[意思]
表示"发生了某件事情才……"的意思，用来表述经历了某件事后才对以前没有注意到的事，或者虽然知道但没有认真想过的事有了新的认识。在……之后才……。

[接续]
V-て ＋ はじめて

[例句]

・これは人間にしてはじめてできることで、人間の特権だというべきでありましょう。（这是只有人类才能做到的，应该说是人类的特权吧。）

・病気になってはじめて健康のありがたさがわかる。（生病之后，才懂得健康多重要。）

・子供を産んで初めて、母の強さが分かりました。（生了孩子之后，才懂得了母亲的强大。）

・一人暮らしをして初めて、親のありがたさが分かりました。（一个人生活之后，才懂得了父母的好。）

・就職活動をしてみてはじめて、仕事を見つけるのが大変だということがわかった。（在试着参加了招聘活动以后，才知道找工作有多难。）

练 习

以下の言葉や文法を使って、1つの文を作りなさい。/请用下列词汇和短语造句。

1. あなた・言う・通り（〜であります）

2. どの本・気に入る（〜ぬ）

3. かばん・靴・たくさん・買う（〜とか〜とか）

4. 鄭さん・昨日・今日・遅刻する（〜ばかりでなく）

5. 彼女・私・運転・上手（〜と違って）

6. 日本ドラマ・日本文化・学ぶ（〜を通じて）

7. 社会人・なる・責任感・持つ（〜てはじめて）

　读书是人类的特权。除了人以外，没有其他生物会读书。这是因为人是会思考的生物，思考是人的伟大之处。动物生活在眼睛看到、耳朵听到的感官世界里，这就是动物生活的全部，而人类除了感官世界之外，还有一个眼睛看不见、耳朵也听不到的思想世界。因此，人类的行为不仅与风吹、水流等自然现象不同，也与动物的本能活动不同，是先设定目的，再考虑手段，然后实施的活动。了解理念世界的，只有人类。以文字为媒介引导我们进入这个世界的，就是读书。通过文字这一可见之物，可以领悟其背后的含义。这是只有人类才能做到的，应该说是人类的特权吧。

読解/阅读 28

　初めて人前で話をした時のことである。200人もの聴衆を相手に演説するということが、どんなに恐ろしいものか、壇上に立って初めて分かった。
　テーブルの上には原稿を広げていたし、それを見ながらしゃべり出していた。
　しかし、まるで雲に向かって話をしているような感じだった。わたしの話を理解してくれる人が得られるのだろうか。
　（ア）、話しているうちに、ふと気づいた。会場のあちこちに、柔らかく光るものがあったのだ。その「光」は人の目であった。
　とたんに不安感は消えた。この「まなざし」を相手に、素直に話し続ければいいのだと思った。自分の声に自信が出るのを感じた。話をなんとか予定の時間どおりにすることができた。そして大きな拍手までいただいた。
　初めに力を与えてくれた何人かの「まなざし」は、相手を知ろう、理解しようという心の現われだったに違いない。その心によってわたしは守られた。飾りを捨てて、ありのまま自分を見せながら語ることができた。それで初めて聴衆の多くと心を通い合わせるチャンスを得たのだ。
　人は自分を分かってくれようとしている相手に対して、心を開くものだ。だから、相手に分かってもらいたければ、まず相手を分かろうとするところから出発すべきだろう。
　30分間の壇上の体験で、わたしは大切なことを学んだ。それ以来、どんな人にも「あなたを理解したい」という心を、できるだけ「まなざし」に表すことにしている。

1. 大勢の聴衆の前で初めて話をし始めた時の筆者の気持ちはどれか。
　　A. 得意　　　　　　　　　　B. 不安
　　C. 不満　　　　　　　　　　D. 後悔

2. 文中の（　ア　）に入れるのに最も適当なものはどれか。
A. それで　　　　　　　　　　B. すると
C. ところが　　　　　　　　　D. つまり
3. 聴衆の「まなざし」を感じた時の筆者の気持ちはどれか。
A. 安心　　　　　　　　　　　B. 愉快
C. 満足　　　　　　　　　　　D. 感謝
4. 文中に「素直に話し」とあるが、どのように話すのか。
A. 広げた原稿を見ながらしゃべり出す
B. 原稿と会場を見ながら落ち着いて話す
C. 自分の声に自信がなくても話を続ける
D. 飾りを捨てて、ありのままの自分を見せながら語る
5. 文中に「わたしは大切なことを学んだ」とあるが、学んだことはどれか。
A. 聞いてくれる人が多くなくても、最後まで自信を持って話すこと
B. 自分の話を理解してくださった聴衆に感謝しなければならないこと
C. 相手に分かってもらいたければ、まず相手を分かろうと努力すること
D. 大勢の聴衆の前で話をする時、原稿を見ながら話してはいけないこと

（2013高考日语阅读）

词语解析

恐（おそ）ろしい④　可怕，令人害怕

壇上（だんじょう）⓪　讲台上

テーブル⓪　桌子

喋（しゃべ）る②　说话，谈话，聊天儿

ふと⓪①　忽然，突然
あちこち②③　这儿那儿，到处，各处

光（ひか）る②　发光，发亮

途端（とたん）⓪　一……就……

瞬間（しゅんかん）⓪　瞬间，转眼

まなざし⓪　目光，视线，眼神

なんとか① 想办法，设法；总算，好不容易

拍手(はくしゅ)① 拍手，鼓掌

飾(かざ)り① 装饰，饰物

ありのまま⑤ 如实，据实，照原样

語(かた)る⓪ 谈，讲，叙述

通(かよ)い合(あ)う④ 心有灵犀，心灵相通

语法解析

～ものか

[意思]
用降调，表示强烈否定的情绪。哪能……，怎么会……呢，决不……。
[接续]
N/Na な ＋ ものか
A - い ＋ ものか
V - る ＋ ものか
[例句]

・200人もの聴衆を相手に演説するということが、どんなに恐ろしいものか、壇上に立って初めて分かった。（站在讲台上的那一刻我才知道，面对200多名听众演讲是多么可怕的一件事。）

・店員の態度は悪いし、料理は美味しくないし、こんな店二度と来るものか。（店员的态度差，菜也不好吃，这样的店决不会再来。）

・いまさら諦めるもんか。絶対にやり遂げてやる。（事到如今怎么会放弃呢？一定要完成。）

・こんなにたくさんの仕事、明日までに終わるものか。（这么多的工作，明天之前哪能完成啊？）

〜に違いない

［意思］
表示说话人以某事为依据，做出非常肯定的判断。一定是……，肯定是……。
［接続］
N/Na（である）＋ に違いない
A/V ＋ に違いない
［例句］

・初めに力を与えてくれた何人かの「まなざし」は、相手を知ろう、理解しようという心の現われだったに違いない。（最初给予我力量的那几个人的"目光"，表明他们想要了解我，并且理解我。）

・雷さんは日本に10年も住んでいたから、日本語が上手に話せるに違いない。（雷小姐在日本已经生活10年了，所以日语肯定说得很好。）

・もうすぐ大学を卒業して、7月から会社で働き始める。きっと面白いことがいっぱいあるに違いない。（即将要大学毕业，7月份开始在公司工作。一定会发生很多有趣的事情。）

・スミスさんは2年も料理教室に通っているから、彼が作る料理はきっと美味しいに違いない。（史密斯先生已经在烹饪学校学习了两年，他做的食物一定很美味。）

〜まま

［意思］
表示继续保持相同的状态不改变。就那样……，一如原样……。
［接続］
Nの ＋ まま
Naな ＋ まま
A-い ＋ まま
V-た/ない ＋ まま
［例句］

・飾りを捨てて、ありのまま自分を見せながら語ることができた。（让我能够丢掉矫

饰，展现真实的自己。）

- 私の妻は10年前も今も綺麗なままだ。（我的妻子不管是10年前还是现在，都依然那么美。）

- 昨日はテレビをつけたまま、寝てしまいました。（昨天开着电视睡着了。）

- この町は昔のまま、何も変わってないなあ。（这座城市和以前一样，没有任何变化啊。）

- このスカートは買ってから一度も穿いていないので、新しいままだ。（这条裙子买了以后一次都没穿过，还很新。）

练习

以下の言葉や文法を使って、1つの文を作りなさい。/请用下列词汇和短语造句。

1. 俺・気持ち・分かる（～ものか）
2. レストラン・人・多い・人気（～に違いない）
3. どうぞ・靴・履く・上がる（～まま）

译文

那是我第一次在公共场合发言。站在讲台上的那一刻我才知道，面对200多名听众演讲是多么可怕的一件事。

我把一份手稿摊在桌上，边看边讲。

但是，感觉就像对着云说话一样。我不知道是否有人能听懂我在说什么。

然后，说着说着，我突然意识到，大厅里到处都散发着柔和的光芒。那"光"就是人们的眼睛。

瞬间，不安感消失了。我知道我可以继续对着这些"眼睛"坦诚地说话。我对自己的声音充满信心。我按时完成了演讲，甚至还获得了热烈的掌声。

最初给予我力量的那几个人的"目光"，表明他们想要了解我，并且理解我。他们的这种心情保护了我，让我能够丢掉矫饰，展现真实的自己，第一次有机会与大多数听众心灵相通。

人们更愿意接受试图理解自己的人。因此，如果想让别人理解你，就应该先试着理解他们。

30分钟的台上体验让我学到了非常重要的东西。从那以后，我对任何人都尽量用"眼神"来表达"想要理解你"的心情。

読解/阅读29

人間は感情の動物である。

人を説得する時には、この当たり前のことを思い出す必要がある。相手に「理論上では分かっている。でも、感情的に受け入れられない」と思わせたら、それは説得の仕方がまずかった証拠である。相手にこう思わせてしまう最もまずいやり方、それは高圧的な言い方である。

高圧的な言い方が、説得効果に与える影響を確かめた心理学の実験がある。

「こうすべきである」「ほかのやり方などできない」といった高圧的な言い方をした場合と、「こうしたほうがいい」「こんなやり方もある」といった言い方をした場合で、説得されやすさに違いが出るかどうか、比較したのである。

実験の結果、説得の内容は同じでも、高圧的な言い方をされた人たちは、自分の態度を変えようとしなかった。これは、予想通りの結果である。ところが、高圧的な言い方をされた人たちは、さらに注目すべき態度を示していたのだ。

最初から説得される方向に意見が傾き始めていた人たちでさえ、説得とは反対方向に自分の意見を硬化させていたのである。この実験の後、高圧的な言い方が生み出すこのような現象は、「ブーメラン効果」と呼ばれるようになった。向こうに行き始めていた意見が戻ってきてしまうことから、こう命名されたのだが、この呼び方は必ずしも適切ではない。実際は元の意見に「戻る」というよりも、硬化するのである。

1. 文中の「この当たり前のこと」が指すのはどれか。
A. 人を説得すること
B. 理論で分かっていること
C. 人間は感情の動物であること
D. 感情的に受け入れられないこと
2. 文中の「高圧的な言い方」の意味にあたるのはどれか。
A. こうすべきである
B. こうしたほうがいい
C. こんなやり方もある
D. ほかのやり方でやってみたら

3. 文中の「これ」が指すのはどれか。
A. 態度を変えること　　　　　　　B. 態度を変えないこと
C. 態度が消極的になること　　　　D. 態度が積極的になること
4. 文中に「自分の意見を硬化させていた」とあるが、その意味はどれか。
A. さらに態度を固くした　　　　　B. 態度が柔らかくなった
C. 別の意見を新しく出した　　　　D. 相手の言う通りになった
5. 文中の「ブーメラン効果」の命名理由はどれか。
A. 説得されてその意見に賛成した
B. 説得された方向にすぐ意見を変えた
C. 説得されて変化し始めた意見が元に戻ってしまう
D. 説得されて感情的に受け入れられるようになった

（2016 高考日语阅读）

词语解析

説得⓪ 说服，劝说

当たり前⓪ 当然，不用说

受け入れる⓪④ 同意，赞成仕方

まずい② 差，拙劣

証拠⓪ 证据，凭证

やり方⓪ 做法，方法

確かめる④ 弄清，确认

他⓪ 别的，其他

ところが③ 可是，然而

傾く③ 倾斜，偏斜

硬化①⓪ 强硬

生み出す③ 创造出

ブーメラン効果⑥ 回旋效应

向（む）こう② 对方；那边，对面

必（かなら）ずしも④ 不一定，未必，不见得

適切（てきせつ）⓪ 恰当，适当

元（もと）① 原本，原来，以前

语法解析

～方（かた）

[意思]
前接动词的第一连用形，表示做某事的方式、方法。……的方式、方法。
[接续]
V_R－ ＋ 方
[例句]

- 相手にこう思わせてしまう最もまずいやり方、それは高圧的な言い方である。（让对方产生这种想法的最糟糕的方式，就是使用胁迫性语言。）

- この呼び方は必ずしも適切ではない。（这个术语未必恰当。）

- 美味しい餃子の作り方を母に習いました。（跟妈妈学习了制作美味饺子的方法。）

- 上野公園への行き方を教えていただけませんか。（能告诉我怎么去上野公园吗？）

～ほうがいい

[意思]
是建议对方做某事或不做某事的表达形式，用于向听话人提出劝告或建议。最好是……，还是……为好。

[接续]
V-た/-ない + ほうがいい
[例句]
・こうしたほうがいい。（这样做比较好。）

・悪いことをしたら、素直に謝ったほうがいい。（如果做了坏事，老实道歉为好。）

・冷たいものはあまり飲まないほうがいいですよ。（不要喝太多冷饮比较好哦。）

・疲れているときは、早く寝たほうがいいよ。（累的时候，早点睡觉比较好哦。）

・無理をしないほうがいいですよ。（不要勉强比较好哦。）

～通り

[意思]
表示"与之相同""按那种样子""照原状一样"等含义。按照……，正如……。
[接续]
N + のとおり
N + どおり
V-る + とおり
V-た + とおり
[例句]

・これは、予想通りの結果である。（这是意料之中的结果。）

・飛行機は予定通り、出発した。（和预计的一样，飞机准点出发了。）

・天気予報の通り、午後から雪が降り始めた。（正如天气预报所说，下午开始下雪了。）

・先生の言う通りに勉強したら、本当に大学日本語四級に合格できました。（按照老师的要求学习，真的通过了大学日语四级考试。）

・先週話した通り、今日は小テストがあります。（上周已说过，今天有个小测验。）

～ことから

[意思]
前接理由、由来或判断的依据。从……来看，因为……。

[接续]
Nである/だった ＋ ことから
Naな/である/だった ＋ ことから
A/V ＋ ことから

[例句]

・向こうに行き始めていた意見が戻ってきてしまうことから、こう命名されたのだが、この呼び方は必ずしも適切ではない。（因为对方的意见刚有所改变，就又恢复了，所以这样命名，但这个术语未必恰当。）

・彼女は何でも知っていることから、「歩く辞典」と呼ばれている。（因为她无所不知，所以被称为"活字典"。）

・道路が濡れていることから、雨が降ったということが分かる。（路面湿滑，说明刚下过雨。）

・二人の顔が似ていること、同じ服を着ていることから、双子であると分かった。（两人长得很像，而且穿着相同的衣服，可见是双胞胎。）

～というより（も）

[意思]
表示与前项事物相比，后项事物更接近、更妥当的意思。与其说……还不如说……。

[接续]
N/Na/A/V ＋ というより（も）

[例句]

・実際は元の意見に「戻る」というよりも、硬化するのである。（与其说"恢复"原来的意见，不如说是变得更强硬了。）

・今日は暖かいというよりも少し暑いぐらいだ。（与其说今天很暖和，还不如说是有点热。）

・伊藤さんは綺麗というよりも可愛いって感じだね。（与其说伊藤小姐漂亮，还不如

说是有点可爱。）

・彼はクールな性格というよりも、恥ずかしがり屋で無口なだけだ。（与其说他冷酷，还不如说他只是容易害羞，不善言辞。）

练 习

以下の言葉や文法を使って、1つの文を作りなさい。/请用下列词汇和短语造句。

1. 餃子・作る・教える（～方）

2. タバコ・あまり・吸う（～ほうがいい）

3. 希望・企画部・異動する（～通り）

4. N2・合格する・彼・日本・行く（～ことから）

5. 今日・涼しい・寒い（～というよりも）

译 文

　　人是感情动物。
　　在说服别人的时候，我们需要记住这个显而易见的事实。如果让对方觉得"理论上我明白，但感情上不能接受"，那就证明说服方式不对。让对方产生这种想法的最糟糕的方式，就是使用胁迫性语言。
　　有人做过心理学实验，研究胁迫性语言对说服效果的影响。
　　他们比较了使用"就应该这样"或"别无他法"等胁迫性语言与"这样更好"或"还有其他办法"等语言在说服力上的差异。
　　实验结果表明，虽然劝说内容相同，但以胁迫方式告知的人并不愿意改变自己的态度，这是可以预见的结果。然而，被胁迫的人表现出了更值得关注的态度。
　　就连那些从一开始就倾向于被说服的人，也会更强硬地坚持相反的意见。这个实验之后，这种由胁迫性语言产生的现象被称为"回旋镖效应"。因为对方的意见刚有所改变，就又恢复了，所以这样命名，但这个术语未必恰当，与其说"恢复"原来的意见，不如说是变得更强硬了。

読解/阅读 30

　　人から聞いた話だが、酒も飲まず、たばこも吸わずに規則正しい生活をし、節制に頑張ってきた人が、50歳で不治の病にかかってしまった。

　　この人の嘆きは強く、自分はこれほどまでに節制に頑張ってきたのに、早く死ぬことになるのに対して、自分の同僚であまり節制もせず勝手に生きてきた人が、病気にもならずにピンピンしているのは、まったく話が合わないと言っていた。

　　この人の嘆きには、その通りだと同情を禁じ得ないが、「節制すれば長生きができるはずだ」と思っているのも、少し一面的のように感じられる。

　　（ア）、節制することは健康にいいだろう。しかし、それは節制しないのに比べると、その人の命を延ばすことに役立つかもしれないが、別に他人と比較することはないだろう。人にはそれぞれの生き方がある。

　　もっと考えれば、無理な節制によるストレスが、この人にとってはよくなかったのかもしれない。とにかく、人間の寿命なんてものは、それほど単純な因果関係で分かるものではなさそうである。

1. 文中に「話が合わない」とあるが、それが指すのはどれか。
A. 節制しても、節制しなくても長生きできない
B. 節制しても長生きできないが、節制しなければ早く死ぬ
C. 節制すれば長生きできるが、節制しなければ長生きできない
D. 節制している人は早く死ぬのに、節制していない人は元気でいる
2. 文中に「同情を禁じ得ない」とあるが、誰が禁じ得ないのか。
A. 筆者
B. 勝手に生きてきた人
C. 不治の病にかかった人
D. たばこを吸って病気になった人
3. 文中の（　ア　）に入れるのに最も適当なものはどれか。
A. つまり　　　　　　　　　　　B. そして
C. たしかに　　　　　　　　　　D. ところで
4. 文中の「それ」が指すのはどれか。
A. 命を延ばすこと　　　　　　　B. 節制をすること
C. 勝手に生きること　　　　　　D. 他人と比較すること
5. 「人間の寿命と節制」について筆者が最も言いたいことはどれか。
A. 寿命と節制はあまり関係がない
B. 無理に節制すると、早く死んでしまう
C. あまり節制しないほうが長く生きられる
D. 節制すれば、他の人より長く生きられる

（2014高考日语阅读）

词语解析

規則正しい⑥ 有规律，规矩

節制⓪ 节制，控制

罹る② 患（病）

嘆き③ 哀叹，悲叹

勝手⓪ 任意，任性

ピンピン① 硬朗，健壮；活蹦乱跳

禁じ得ない④ 禁不住

長生き④③ 长寿，长命

一面的⓪ 一面，片面

延ばす② 延长

それぞれ② 各自，分别

生き方④③ 生活方式

ストレス② 精神压力，精神紧张

とにかく① 总之，不管怎么样

语法解析

～を禁じ得ない

［意思］
表示无法抑制某种心情或情绪，经常用来表达"愤怒"或"悲伤"的情绪。是生硬的书面语。不禁……，禁不住……。

［接续］
N ＋ を禁じ得ない

[例句]

- この人の嘆きには、その通りだと同情を禁じ得ない。（对于此人的哀叹，我深表同情。）
- 地震で住む家も家族も失った彼には同情を禁じ得ない。（他在地震中失去了家园和家人，我深表同情。）
- この映画のラストシーンでは誰もが涙を禁じ得なかった。（影片的最后一幕让所有人都热泪盈眶。）
- 日本語の学習を始めてまだ半年の彼が、私でも知らない漢字を知っていることに、驚きを禁じ得なかった。（他学习日语才半年，居然知道我都不认识的汉字，我不禁吃了一惊。）

～に比べて／に比べると

[意思]

表示比较。与……相比。

[接续]

N ＋ に比べて/に比べると

[例句]

- しかし、それは節制しないのに比べると、その人の命を延ばすことに役立つかもしれない。（与不自律相比，自律也许会延长人的生命。）
- 去年の冬に比べると、今年の冬はずいぶん寒い。（和去年冬天相比，今年冬天非常冷。）
- 都心に比べると、田舎は物価が安くて住みやすい。（和城市中心相比，农村物价便宜，适合居住。）
- ジョギングに比べると、水泳は全身運動で体にもいいという。（与慢跑相比，游泳是全身运动，对身体也很好。）

～なさそうだ

[意思]

是"～そうだ"的否定形式。看起来不像……。

[接续]
N/ Na じゃ/では ＋ なさそうだ
A-く ＋ なさそうだ

[例句]

・とにかく、人間の寿命なんてものは、それほど単純な因果関係で分かるものではなさそうである。（总而言之，人的寿命似乎不是那么简单的因果关系就能决定的。）

・この料理は美味しくなさそうです。（这道菜看起来不好吃。）

・あの人はスーツを着ているから、学生じゃなさそうだ。（那个人穿着西服，所以看起来不像是学生。）

・ちょっと調子が悪いですが、風邪じゃなさそうです。（身体有点不舒服，但好像不是感冒。）

练习

以下の言葉や文法を使って、1つの文を作りなさい。/请用下列词汇和短语造句。

1. 彼女・不幸・人生・同情（〜を禁じ得ない）

2. 以前・彼・ピアノ・上手（〜に比べて・に比べると）

3. 午後・授業・ない（〜なさそうだ）

译文

　　我从别人那里听说，一个生活规律、不喝酒不抽烟、努力自律的人，在50岁时得了不治之症。
　　这个人悲痛欲绝，自己明明一直这么努力自律地生活，却要英年早逝，而他的同事，一个不怎么自律、任性生活的人，却没有得病，还活得好好的，这和他想的完全不一样。
　　对于此人的哀叹，我深表同情，但认为只要过有节制的生活，就能够长寿，这观点似乎也有些片面。

的确，自律对健康有益。与不自律相比，自律也许会延长人的生命，但也没必要和别人做比较吧。每个人都有自己的生活方式。

再仔细想想，过度节制带来的精神压力对这个人来说或许并不好。总而言之，人的寿命似乎不是那么简单的因果关系就能决定的。

読解/阅读 31

　　昔々、あるところに、子供のいない老夫婦が住んでいました。ある時、お爺さんは山へ柴刈りに、お婆さんは川へ洗濯に行きました。お婆さんが洗濯をしていると、どんぶりこどんぶりこと川上からたくさんの桃が流れてきました。一つ拾って食べてみると、大変うまかったので、お爺さんに持って帰ろうと考えました。ところが、たくさんあってどれにしていいか迷ってしまったので、「うまい桃はこっちへ来い。苦い桃はあっちへ行け。」と声をかけたところ、大きくてうまそうな桃が寄ってきました。その桃を拾って家へ持ち帰りました。晩になって、お爺さんが薪を背負って戻ってきたので、桃をまな板にのせて切ろうとしました。（　ア　）、桃が割れて中からかわいい男の子が生まれたので、驚いてしまいました。これは大変と、湯を沸かして産湯で体を洗い、着物を着せました。二人は桃から生まれた子なので、「桃太郎」と名付けました。1杯食べれば1杯、2杯食べれば2杯分、粥や魚をたくさん食べて、桃太郎は大きく育ちました。また、1つ教えたら10覚えるほど賢くなり、また、たいへんな力持ちにもなりました。

1.「どんぶりこどんぶりこ」とあるが、どんなものの流れる様子か。
A. 柔らかいもの　　　　　　　　　B. 軽いもの
C. 重いもの　　　　　　　　　　　D. 硬いもの
2.「声をかけた」のは誰か。
A. 桃　　　　　　　　　　　　　　B. お爺さん
C. お婆さんとお爺さん　　　　　　D. お婆さん
3.（ア）の中に入れる言葉は次のどれか。
A. だから　　　　　　　　　　　　B. すると
C. しかし　　　　　　　　　　　　D. それに
4. 文中の「これ」は何を指すか。
A. 桃から男の子が生まれたこと　　B. お婆さんが驚いたこと
C. 男の子がかわいいこと　　　　　D. 桃が割れたこと
5.「桃太郎」はどんな子になったか。
A. 数に強い子　　　　　　　　　　B. 桃が好きな子

C. 頭のいい、力強い子　　　　　　　　D. たくさん食べる子

（2014大学日语四级阅读）

词语解析

柴刈り③⓪　砍柴，打柴；砍柴人，樵夫

どんぶりこ①　（在水中）忽沉忽浮地漂流，漂啊漂啊

川上⓪　上游，源头

声を掛ける①+②　搭话，说话

寄る⓪　靠近，挨近

持ち帰る③⓪　带回，拿回

薪⓪　木柴，柴火

背負う②　背，负

まな板⓪　砧板，切菜板

産湯⓪　新生婴儿的洗澡水

名付ける③　起名字，取名

賢い③　聪明，伶俐

力持ち③　有力气，大力士

语法解析

～てくる

[意思]
表示原本远离的事物或人离说话人越来越近。……来。

[接续]
V-て ＋ くる

[例句]

・川上からたくさんの桃が流れてきました。（从上游漂来了很多桃子。）

・大きくてうまそうな桃が寄ってきました。（一个看起来又大又好吃的桃子漂了过来。）

・先週日本に帰ってきました。（上周回日本了。）

・船はゆっくりとこっちに向かってきます。（船缓慢地朝这边驶来。）

・知らない男が、私のほうへ走ってきた。（一个陌生男子向我跑来。）

～と、～た

[意思]
表示说话人在前面的事情成立的情况下，重新认识后面的事情，或以前面的事情为契机，发生了后面的事情。

[接续]
V-る/ない ＋ と
A-い/くない ＋ と
N/Naだ/じゃない（でない） ＋ と

[例句]

・お婆さんが洗濯をしていると、どんぶりこどんぶりこ川上からたくさんの桃が流れてきました。（老奶奶洗衣服的时候，从上游漂来了很多桃子。）

・一つ拾って食べてみると、大変うまかったので、お爺さんに持って帰ろうと考えました。（她随手捞起一个尝了尝，因为实在是太好吃了，所以想着给老爷爷带些回去。）

・お風呂に入っていると、電話がかかってきた。（正在洗澡，有人打来了电话。）

・街を歩いていると、知らない人が声をかけてきた。（走在大街上，一个不认识的人向我打招呼。）

・トンネルを出ると、そこは銀色の世界だった。（一出隧道，就看到一片银白色的世界。）

～てしまう

[意思]
①表示动作完成。……完，……了。
②表示后悔、可惜等感慨。说话人做了本不想为之的行为，想表达遗憾、后悔的心情时使用。

[接续]
V-て ＋ しまう

[例句]

・たくさんあってどれにしていいか迷ってしまった。（太多了，都不知道该选哪一个好。）

・桃が割れて中からかわいい男の子が生まれたので、驚いてしまいました。（桃子裂开了，里面竟躺着一个可爱的小男婴，他们着实吓了一大跳。）

・目覚まし時計をセットしたのに、朝寝坊してしまいました。（明明上了闹钟，早上还是睡过了。）

・急いでいて、傘を地下鉄の中に忘れてしまった。（赶时间，不小心把伞忘在地铁上了。）

・冬休みの宿題は三日間で全部終わらせてしまいました。（寒假作业3天全部完成了。）

～とする

[意思]
①表示正要做某事。正要……。
②表示为了实现某种动作或行为进行努力或尝试。尝试……。

[接续]
V-よう ＋ とする

[例句]

・桃をまな板にのせて切ろうとしました。（正要把桃子放在砧板上切开。）

・お風呂に入ろうとしたところに、電話がかかってきた。（正要去洗澡，来了一个电话。）

- タクシーを降りようとしたとき、携帯がないことに気がついた。（正要下出租车的时候，才发现没带手机。）

- 彼は何とかして友達を助けようとしていた。（他试着想办法去帮助朋友。）

- 息子は東京大学に入ろうとしている。（儿子想努力进东大。）

～なる

［意思］
表示物体本身的变化。变成，变为。
［接续］
A-く ＋ なる
Na/ Nに ＋ なる
［例句］

- 1つ教えたら10覚えるほど賢くなる。（他变得非常聪明，闻一知十。）

- たいへんな力持ちにもなりました。（也变成了身强力壮的大力士。）

- 少しワインを飲んで、顔が赤くなりました。（喝了点酒，脸发红了。）

- 薬を飲んだので、だいぶ良くなった。（喝了药，好多了。）

- 5年前に比べて、この街は賑やかになりました。（和五年前相比,这条街变热闹了。）

- 彼は宝くじに当たって、お金持ちになりました。（他中了彩票，成有钱人了。）

练 习

以下の言葉や文法を使って、1つの文を作りなさい。/请用下列词汇和短语造句。

1. 鳥・山の方・飛ぶ（～てくる）

2. スタバ・コーヒー・飲む・大学の友達・会う（～と、～た）

3. 友達・借りる・カメラ・壊す（〜てしまう）

4. 家・出る・雨・降る（〜ようとする）

5. 掃除する・部屋・きれい（〜なる）

译文

很久很久以前，在某个地方住着一对无儿无女的老夫妇。有一次，老爷爷去山上砍柴，老奶奶去河边洗衣服。老奶奶洗衣服的时候，从上游漂来了很多桃子。她随手捞起一个尝了尝，因为实在是太好吃了，所以想着给老爷爷带些回去。可是太多了，都不知道该选哪一个好。于是，她对着桃子说："好吃的桃子到这边来，难吃的桃子到那边去。"话音刚落，一个看起来又大又好吃的桃子漂了过来。老奶奶把那个桃子捡起来带回了家。到了晚上，老爷爷背着木柴回来了，于是老奶奶把桃子放在砧板上，准备切开。就在那时，桃子裂开了，里面竟然躺着一个可爱的小男婴，他们着实吓了一大跳。这可不得了，他们于是烧开水给男婴洗澡，给他穿上和服。二老觉得男婴是从桃子里诞生的，所以给他取名"桃太郎"。能吃一碗就给一碗，能吃两碗就给两碗，这样，桃太郎吃了很多粥和鱼，慢慢长大了。他变得非常聪明，闻一知十。而且，也变成了身强力壮的大力士。

読解/阅读 32

ぼくは、赤ん坊のころ「笑わない子」だったらしい。体が弱かったのだ。大病をやって死ぬところだったと聞かされた。

しかし、小学校に入るころ、父親が作っていた少年チームで野球をやらせてもらえた。その後、農村に移り住み、野球とは縁が切れたが、そこでは親を手伝って、稲作りをした。放課後は家に帰って毎日働く。そうやって農作業を手伝うことで、自然に体力がついた。

子供のころ何が一番うれしかったかというと、だんだん自分の体力がついてきたのがかったことだ。野球と農作業のおかげだと思う。直に大地や自然、生き物たちに触れたのも貴重な体験だった。

また、ぼくは音楽をやりたくて、小さいころからずっとピアノを習っていた。音楽は、どうしてもやりたいことだったのだ。泥んこになって農作業をしたり遊んだりするやんちゃな子だったが、一方でピアノを夢中で弾く少年だったわけだ。男の子がピアノを弾くなんてと、

当時はよくからかわれたが、好きなことに熱中しているのだ。なんと言われても気にせず楽しかった。
　…
　そんな少年のころを振り返って、君たちに伝えたいのは、まず「体を作ろう」ということだ。少年期は、心も体も育っていく大事な時期だから。そうして、好きなことを思いっきりするのがいい。

1. 「聞かされた」とあるが、だれが聞かされたのか。
A. 医者　　　　　　　　　　　　B. 父親
C. 「ぼく」　　　　　　　　　　　D. 赤ん坊
2. 「体力がついてきた」のは「ぼく」にとってはどんな意味があるか。
A. 成長の喜びが感じられる　　　　B. 野球ができる誇りを持つようになる
C. 自然に触れた喜びが感じられる　　D. 男としての誇りを持つようになる
3. 「ピアノを夢中で弾く」とあるが、周りの人にどう見られていたか。
A. うらやましい！　　　　　　　　B. おかしい！
C. かっこういい！　　　　　　　　D. うるさい！
4. 筆者は少年期にはどんなことが一番大事だと思っているか。
A. 心と体を強くすること　　　　　B. 農作業をすること
C. 音楽をやること　　　　　　　　D. 野球をやること
5. この文章に題を付けるとすれば次のどれか。
A. ぼくの夢　　　　　　　　　　　B. 音楽と野球
C. ぼくの少年時代　　　　　　　　D. 君たちに伝えたいこと

（2016大学日语四级阅读）

词语解析

赤ん坊⓪　婴儿，小宝宝

移り住む④　迁居，移居

縁が切れる①+②　断了缘分，断了关系

体力がつく①+①　体力增强

直に①　直接

どうしても④　说什么也要，无论如何也要

泥んこ⓪ 泥，浑身是泥

やんちゃ⓪ 调皮，顽皮，淘气

夢中⓪ 热衷，着迷，入迷

気にする⓪ 在意，担心

体を作る⓪+② 锻炼身体，增强体魄

思いっきり／思い切り⓪ 彻底，痛快，尽情

语法解析

～らしい

[意思]
接在句尾，表示说话人认为该内容确信程度相当高。似乎、好像。
[接续]
N/Na/A/V ＋ らしい
[例句]
- ぼくは、赤ん坊のころ「笑わない子」だったらしい。（我在幼儿时期似乎是个"不爱笑的孩子"。）
- 新しく出た携帯はとても便利らしい。（新出的手机好像非常好用。）
- 彼は今の仕事を辞めて、自分の会社を作るらしい。（他好像要辞去现在的工作，成立自己的公司。）
- あの子は英語、中国語、日本語がぺらぺららしいよ。（那孩子好像英语、汉语、日语都很流利哦。）

～ところだった

[意思]
表示差一点就可能变成这种结果。差一点就……，险些……。
[接续]
V‐る/ない ＋ ところだった

[例句]

- 大病をやって死ぬところだったと聞かされた。（听说生了一场大病，差点死掉。）

- あと5秒遅かったら、地下鉄に乗り遅れるところだった。（再晚5秒的话，就赶不上地铁了。）

- 斎藤さんが言ってくれなかったら、うっかり忘れるところでした。（如果不是斎藤先生告诉我，我差点就给忘记了。）

- 車を運転してると、突然犬が飛び出してきて、もう少しでひいてしまうところだった。（开着车，突然有条狗冲出来，差点就轧到了。）

～のだ

[意思]
用于说明前文所叙述的事情或当时情况的原因或理由。因为……。
[接续]
N/Na ＋ なのだ
N/Na ＋ だったのだ
A/V ＋ のだ
[例句]

- 体が弱かったのだ。（因为身体虚弱。）

- 音楽は、どうしてもやりたいことだったのだ。（因为音乐是我真正想做的事。）

- 当時はよくからかわれたが、好きなことに熱中しているのだ。（虽然当时经常被人取笑，但我对自己喜欢的东西充满热情。）

- 道路が10キロも渋滞している。きっとこの先で交通事故があったのだ。（道路拥堵长达十公里，前面一定发生了交通事故。）

- 宿題を忘れてしまいました。教室にプリントを置いてきてしまったんです。（忘记做作业了，因为把资料忘在教室里了。）

～かというと

[意思]
用以指示疑问的焦点，后接作为解答的句子。要说……，要问……。

[接续]
疑问词 ＋かというと

[例句]

· 子供のころ何が一番うれしかったかというと…（要说小时候最开心的事是什么……）

· 一度も海外に行ったことがない理由はなにかというと、飛行機に乗るのが怖いからだ。（我之所以从来没出过国，是因为我害怕坐飞机。）

· 彼は会社を辞めて何をするかというと、自分の好きな仕事をするらしい。（至于从公司辞职后做什么，他可能会做自己喜欢的事情。）

· 何で日本に引っ越してきたかというと、家族がここに住んでいるからです。（我之所以搬到这里，是因为我的家人住在这里。）

～ことだ

[意思]
和表示评价或情感的词一起放在句末，表达说话人惊讶、感动、感慨等的情绪。有时也可用于讽刺。

[接续]
V - る/ない ＋ ことだ
Na ＋ なことだ
A - い ＋ ことだ

[例句]

· 子供のころ何が一番うれしかったかというと、だんだん自分の体力がついてきたのが分かったことだ。（要说小时候最开心的事是什么，那就是发觉自己的体力慢慢变强了。）

· 友達が一人もいないとは本当に悲しいことだ。（一个朋友也没有，真是悲哀啊！）

· いつまでもお若くて、羨ましいことだ。（您总是那么年轻，真令人羡慕啊！）

・日本語を勉強し始めて1年で日本語能力試験1級に合格するなんて本当にすごいことだ。（学日语1年就过了日语能力考试1级，真是厉害啊！）

～わけだ

[意思]
强调事实，表示从事物发展趋势看理应如此。
[接续]
V + わけだ
[例句]

・泥んこになって農作業をしたり遊んだりするやんちゃな子だったが、一方でピアノを夢中で弾く少年だったわけだ。（虽然我是个浑身泥巴，边干农活边玩耍的顽皮孩子，但同时也是个热爱弹钢琴的少年。）

・李さんは日本に来てもう10年だから、日本語がぺらぺらなわけだ。（小李来日本已经10年了，难怪日语讲得那么流利。）

・A:中田さんは最近、彼女と別れたらしいですよ。（中田先生最近好像和女友分开了哦。）

B:それで、最近元気がないわけだ。（难怪最近他都无精打采。）

～ということだ

[意思]
用于表述说话、知识、事情等的具体内容。……的是，……一事。
[接续]
V + ということだ
[例句]

・そんな少年のころを振り返って、君たちに伝えたいのは、まず「体を作ろう」ということだ。（回首童年时光，我想告诉大家的第一件事就是要锻炼身体。）

・ここで言いたいのは、根本的に原因を解明しない限り、事態は改善されないということだ。（这里想说的是，只要不从根本上找出原因，事态是得不到改善的。）

・木村さんは近く会社をやめて留学するということだ。（木村先生最近要辞掉工作

去留学。)

- 中国語のクラスで、中国ではクリスマスより春節のほうが大事だということを習った。(在中文班里，我了解到，在中国，春节比圣诞节更重要。)
- この法律を知っている人があまりいないということは、大きな問題だ。(没有多少人知道这条法律，这是个大问题。)
- 林さんがインドへ赴任するということが正式に決まった。(林先生赴印度上任一事已成定局。)

练习

以下の言葉や文法を使って、1つの文を作りなさい。/请用下列词汇和短语造句。

1. 楊さん・彼氏・できる（～らしい）
2. 道・迷う・帰る・来る・なる（～ところだった）
3. 来週・海・行く（～のだ）
4. なぜ・日本の文化・興味（～かというと）
5. ペット・捨てる・ひどい（～ことだ）
6. 彼女・モデル・スタイル・いい（～わけだ）
7. 明日・雪・降る（～ということだ）

译文

　　我在幼儿时期似乎是个"不爱笑的孩子"，因为身体虚弱。听说生了一场大病，差点死掉。
　　不过，上小学后，父亲让我在他组建的少年队里打棒球。后来搬到农村生活，从此便与棒球断了缘分，但还是帮助父母种植水稻。放学后回家每天劳作，就这样通过帮忙干农活，自然而然地增强了体力。

要说小时候最开心的事是什么，那就是发觉自己的体力慢慢变强了。我觉得这无疑归功于棒球和农活。能够直接接触到大地、自然、生物也是种宝贵的体验。

另外，我想玩音乐，从小就一直学钢琴，因为音乐是我真正想做的事。虽然我是个浑身泥巴，边干农活边玩耍的顽皮孩子，但同时也是个热爱弹钢琴的少年。虽然当时经常被人取笑，男孩子怎么弹钢琴？但我对自己喜欢的东西充满热情。我不在乎他们说什么，我玩得很开心。

……

回首童年时光，我想告诉大家的第一件事就是要锻炼身体，因为少年时代是身心发展的重要时期。然后，你就可以全力以赴做自己喜欢的事了。

読解/阅读 33

雪が降る夜、玄関への階段を上がろうとすると、犬の鳴き声が聞こえた。カバンを置いて、街灯の明かりを頼りに家の前の側溝をのぞくと、汚れた子犬がぶるぶる体を震わせている。捨て犬だ。

娘が世話をすると約束して飼い始めた金魚を、世話をせずに死なせたので、妻はもう<u>生きものは飼わない</u>と常々言っていたが、この寒さでは凍え死ぬ、1泊だけでも家に置こうと私と娘は一緒に妻に<u>手を合わせた</u>。

夜ごはんはクリームシチューだったので、ミルクを追加して温度を調整して与えると、子犬は息つく間もなくぺろぺろと舐め尽くした。その後、古タオルを敷いた段ボール箱の中でしばらく鳴いていたが、やがて寝た。

翌日には形ができ、翌々日にはペンキが塗られ、犬小屋ができた。器用な妻が作った。娘が掛け算の九九の勉強をやっていたので、犬の名前をククとしたのも妻だった。

しばらくして突然に、私の海外赴任が決定し、単身で中国に行った。妻と娘からの報告では、ククは物覚えが悪く、お手も下手で、ボール拾いはまったくできない。一番の問題は、郵便配達などの人たちにも吠えることであり、妻はほとほと困っていると伝えてきた。

私は、<u>内心喜んでいた</u>。私の留守中、ククが番犬の役割をしっかりと果たしていると思ったからだ。私の赴任は10年ほどになり、ククは老犬になり、私が帰国して間もなくして死んだ。<u>それ</u>は、私が留守の間、家族を守った、拾ってくれた恩返しだと言っているようだった。

1.「もう生きものは飼わない」理由は何か。
A. 汚いと思うから　　　　　　　　　B. 娘と約束したから
C. 娘が金魚を飼い始めたから　　　　D. 娘が生きものを死なせたから

2.「手を合わせた」とはどういう意味か。
A. 感謝した　　　　　　　　　　　B. 賛成した
C. お願いをした　　　　　　　　　D. 手伝ってもらった
3.「内心喜んでいた」とあるが、それはなぜか。
A. 犬が成長しているから　　　　　B. 犬が家族を守っているから
C. 妻がほとほと困っているから　　D. 妻と娘が世話をしているから
4.「それ」は何を指すか。
A. ククが老犬になったこと
B. 私がククを拾ってあげたこと
C. 海外赴任が10年ほどあったこと
D. 私が帰国するまでククが生きていてくれたこと
5. 文章の内容に合っているものはどれか。
A. ククはとてもかしこい犬だ
B. 娘が犬にククという名前をつけた
C. 妻は熱心にククの世話をしていた
D. ククは拾ってきた時、きれいな犬だった

（2022 高考日语阅读）

词语解析

側溝⓪　路沟，侧沟

覗く⓪　往下看，俯视

ぶるぶる①　发抖，哆嗦

震う⓪　哆嗦，颤动，发抖

捨て犬⓪　弃犬，流浪狗

手を合わせる①+③　双手合十，拜托

クリームシチュー⑤　奶油炖菜

息つく間もない①+⓪+①　连喘息的时间都没有

ぺろぺろ①　舔来舔去，不停地舔

舐め尽くす④　舔干净

タオル① 毛巾

段ボール箱⑤ 纸箱

やがて⓪ 最终，结果

ペンキ⓪ 油漆

器用① 灵巧，手巧

掛け算② 乘法

物覚え③ 记性，记忆力

お手⓪ 握手（对狗发出握手的指令）

ボール拾い④ 捡球

ほとほと⓪ 实在，非常

番犬⓪ 看家狗，看门狗

役割⓪③ 角色，任务，职责

果たす② 起作用，达成

恩返し③ 报恩

语法解析

～が聞こえる

［意思］
表示自然地进入耳朵的声音。能听到……。
［接续］
N ＋ が聞こえる
Vの ＋ が聞こえる
［例句］
・犬の鳴き声が聞こえた。（听到了狗叫声。）

- 私の部屋からは電車が走る音が聞こえます。（从我的房间能听到电车行驶的声音。）

- 誰かが隣の部屋で歌っているのが聞こえます。（能听到有人在隔壁房间唱歌。）

- どこかから人の声が聞こえる。（从什么地方传来人声。）

～を頼りに

[意思]
表示借助某种帮助、依靠某种事物的意思。依靠……，借助……。
[接续]
N ＋ を頼りに
[例句]

- カバンを置いて、街灯の明かりを頼りに家の前の側溝をのぞくと、汚れた子犬がぶるぶる体を震わせている。（我放下包，借着路灯的光亮往家门前的水沟里一看，一只脏兮兮的小狗正抖个不停。）

- 辞書を頼りに日本語の新聞が読めるが、時間がかかる。（虽然依靠词典可以读日文报纸，但是很花时间。）

- アルバイトの収入を頼りに生活をしている留学生が多いようです。（似乎有很多留学生依靠打工谋生。）

- 子供の頃の記憶を頼りに、昔住んでいた家を探しに行った。（靠着儿时的记忆，去寻找以前住过的房子。）

～始める

[意思]
表示动作或现象开始。开始……。
[接续]
V_R- ＋ はじめる

[例句]

・飼い始めた金魚。（开始养金鱼。）

・来週から日本語会話教室に通い始めます。（从下周开始，去上日语会话课。）

・春が来て、桜が咲き始めました。（春天来了，樱花开始绽放。）

・雨が降り始めたので、急いで帰った。（开始下雨了，我匆匆回家。）

～ずに（ないで）

[意思]
表示"在没有……的情况下，就……"，书面用语。不……，没有……。

[接续]
V- ＋ ずに
*する → せずに

[例句]

・世話をせずに死なせた。（缺少照料，死掉了。）

・今朝、朝ごはんを食べずに学校に来ました。（今天早上没吃早饭就上学了。）

・私は普段、コーヒーに砂糖を入れずに飲みます。（我一般喝咖啡不加糖。）

・明日テストなので、今晩は寝ないで勉強します。（明天考试，所以今晚熬夜学习。）

・体調が悪い時は、無理せずに休んでください。（身体不舒服的时候请不要勉强，好好休息。）

（せめて）～だけでも

[意思]
表达最低限度的希望和乞求。仅仅只是……，仅仅只有……。

[接续]
（せめて）N ＋ だけでも

[例句]

- 1泊だけでも家に置こうと私と娘は一緒に妻に手を合わせた。（就在家留一晚吧，我和女儿双手合十，一起向妻子恳求。）

- せめて話だけでも聞いてよ。（至少要听我说说呀。）

- お名前だけでも教えてくださいませんか。（能否至少告诉我你的名字？）

- 1日だけでも待ってくれる？（你能再等一天吗？）

～尽くす

[意思]
表示毫无保留，全部……尽。全……，都……。

[接续]
V_R - ＋ つくす

[例句]

- 子犬は息つく間もなくぺろぺろと舐め尽くした。（小狗急切地舔了个精光。）

- 今の気持ちを一言で言い尽くすのは難しい。（很难用一句话来概括现在的心情。）

- 彼はフランスが大好きで、フランスのことなら何でも知り尽くしている。（他很喜欢法国，所以只要是法国的事情他都一清二楚。）

- 昨日は久しぶりに、朝から夜まで遊びつくした。（好久都没像昨天那样从早玩到晚了。）

练习

以下の言葉や文法を使って、1つの文を作りなさい。/请用下列词汇和短语造句。

1. 外・車・音（～が聞こえる）

2. 日本の映画・字幕・理解（～を頼りに）

3. 来月・ダンス教室・通う（～始める）

4. 傘・持つ・出かける（～ずに（ないで））

5. 皿・洗う・ほしい（せめて～だけでも）

6. 朝・夜・遊ぶ（～尽くす）

译文

　　一个下雪的夜晚，我正要走上通往玄关的楼梯时，听到了狗叫声。我放下包，借着路灯的光亮往家门前的水沟里一看，一只脏兮兮的小狗正抖个不停。这是只被遗弃的狗。
　　女儿说会好好照顾，才开始养金鱼。结果金鱼缺少照料，死掉了，所以妻子说再也不养生物了。但是这么冷的天，小狗会冻死的。就在家留一晚吧，我和女儿双手合十，一起向妻子恳求。
　　晚饭是奶油炖菜，我加了牛奶，调好温度给它吃，小狗急切地舔了个精光。之后，它在铺着旧毛巾的纸箱里哼唧了一会儿，最终还是睡着了。
　　手巧的妻子搭建了狗屋，第二天成型，第三天就刷好了油漆。因为女儿正在学习九九乘法口诀，所以妻子给小狗取名小九。
　　没过多久，我要去海外赴任，决定来得很突然，我只身去了中国。据妻子和女儿报告，小九记性不好，握手也握不好，而且完全不会捡球。最大的问题是对邮递员等人也吠叫，妻子告诉我，她很是为难。
　　我心里暗自高兴。我觉得我不在家的时候，小九当看门狗做得很好。我赴任10年，小九成了老狗，在我回国后没多久它就死了。它似乎在说，我不在的时候，它保护了我的家人，它是在报答我把它捡回来。

読解/阅读 34

　　ついこの前、近くのスーパーに買い物に行った時のこと。
　　私がスーパーを出ようとすると、前に電動車椅子に乗ったおじいさんがいた。私は急いでいたので、そのおじいさんを追い越して、先に自動ドアの前に立った。ド

アが開くと、「ありがとね」という声が聞こえた。驚いて振り返ると、うれしそうに笑顔でお礼を言うおじいさんがいた。あっと思った私は、おじいさんが通り過ぎるのを待った。

　私はおじいさんに、とても申し訳ない気がした。お礼を言われるまで、おじいさんにとって自動ドアを通ることが大変だなんて、少しも気づかなかった。結果として親切な行動となったが、それは偶然のことで、親切な気持ちではなかったのだから。

　私には何ともないことでも、苦労する人がいるのだと、実感した出来事だった。

　その人の立場にならなければ、なかなか分からないことだけれど、今度こんな状況に出合ったら、すぐに気が付くようにしたい。そして、今度はお礼を言われても、それにこたえられるような、気持ちからの行動にしたい。

1. おじいさんはなぜ「ありがとね」と言ったのか。
A. 自分に合わせてゆっくり歩いてくれたと思ったから
B. 自分のために自動ドアを開けてくれたと思ったから
C. 自分のために電動車椅子を運んでくれるだろうと思ったから
D. 動かなくなった電動車椅子を押してくれるだろうと思ったから

2. 「あっと思った」はどういう意味か。
A. 驚きを感じた　　　　　　　　　B. 感動を覚えた
C. やったと思った　　　　　　　　D. しまったと思った

3. 「おじいさんに、とても申し訳ない気がした」とあるが、なぜか。
A. おじいさんを追い越して、先に自動ドアの前に立ったから
B. おじいさんが自動ドアを通るのを助けてあげなかったから
C. 親切な気持ちでドアを開けてあげたのではないのに、ありがとうと言われたから
D. おじいさんが自動ドアを通るのが大変だと気付かず、ドアを閉めてしまったから

4. 「それ」は何のことを指すか。
A. 感謝したこと
B. 感謝されたこと
C. 人を助けたこと
D. 人に助けられたこと

5. 筆者はこれからどうしようと思っているか。
A. お礼を言われたら、はっきりした返事をしたい
B. 人に助けられたら、必ずお礼を言うようにしたい
C. どんな時でも、他人がいやがるようなことはしない
D. 相手のことを考えて、進んで人を助ける行動をしたい

（2015大学日语四级阅读）

词语解析

つい① 就，方才，刚刚

追い越す③ 超过

振り返る③ 回头，转头

礼を言う①+⓪ 感谢，答谢

通り過ぎる⑤ 走过，越过

気付く②／気が付く⓪+① 发觉，察觉，注意到，意识到

何ともない⓪+① 没什么，没关系

苦労① 辛苦，劳苦

実感⓪ 切实感受，亲身体会

出来事② 事情，事件

出合う② 遇见，碰到，相遇

こたえる③ 回答，答复；响应

语法解析

～なんて

[意思]
多接"うらやましい""ひどい"等表评价的词，用于提示评价对象，表达说话人感到出乎意料、不同寻常的心情，或伴随"くだらないものだ"等类似的心情。

[接续]
V + なんて

[例句]

・おじいさんにとって自動ドアを通ることが大変だなんて、少しも気づかなかった。

（我丝毫没有意识到，对于老人来说，通过自动门是件很困难的事。）

- 皆そろって海外旅行だなんて、羨ましいですね。（竟然能所有人凑齐一起去国外旅游，真是令人羡慕啊！）

- あんなところで彼に会うなんて、びっくりしたよ。（在那种地方碰见他，着实吓了一跳。）

- 午前中ずっと寝ていたなんて、もったいないと思いませんか。（整个上午都在睡觉，你不觉得很浪费吗？）

- あの二人が離婚だなんて、信じられない。（那两个人竟然要离婚，难以置信。）

～として

[意思]
表示资格、立场、种类、名目等。作为。
[接续]
N ＋ として
[例句]

- 結果として親切な行動となったが。（虽然结果是善举。）

- 趣味としてピアノを弾いている。（我弹钢琴是出于兴趣。）

- 日本語の文字として、ひらがな、カタカナ、漢字が使われている。（日语使用平假名、片假名和汉字。）

- 廬山は古くから避暑地として人気があるところだ。（庐山自古以来作为避暑胜地深受欢迎。）

～のだから

[意思]
表示承认这里所说的是事实，所以理所应当……，表原因、理由。因为……。
[接续]
N/Na ＋ なのだから
A/V ＋ のだから

进阶篇

[例句]

・結果として親切な行動となったが、それは偶然のことで、親切な気持ちではなかったのだから。（虽然结果是善举，但那是偶然的，并不是出于真心。）

・国が違うのだから、文化や習慣が違うのは当たり前だ。（因为国家不同，文化和习惯不同那是可想而知的。）

・体調が悪いのだから、無理をしないでください。（身体状况不好，就请别逞强了。）

・まだ１８歳なのだから、留学したり、海外旅行したり、いろんなことにチャレンジしよう。（因为才18岁，所以去留学，去海外旅行，去挑战各种各样的事情吧！）

～でも

[意思]
对于某事物举出极端例子，表示"其他情况更不用说了"的意思。即使……也……。

[接续]
N + でも

[例句]

・私には何ともないことでも、苦労する人がいるのだと、実感した出来事だった。

（这件事让我真切地感受到，即使对于我来说没什么大不了的事，也会有人很辛苦才能做到。）

・この機械は操作が簡単で、子供でも使えます。（这种机器操作简单，即使是孩子也能使用。）

・この山は、夏でも涼しい。（这座山，即使是夏天也很凉快。）

・私は土日でも、7時に起きます。（我每天早上7点起床，周末也不例外。）

～なければ～ない

[意思]
句尾伴有动词的否定形式，表示当某事情不成立时，其他事情也不成立。非……不……，没有……不……。

[接续]
N/Na + でなければ

A - くなければ
V - なければ
[例句]

・その人の立場にならなければ、なかなか分からないことだけれど。（如果不站在那个人的立场上，是很难理解的。）

・しっかり勉強しなければ大学には入れない。（不好好学习，就考不上大学。）

・彼女が手伝ってくれなければ、この仕事は完成できない。（要不是她帮忙，这项工作就无法完成。）

・背が高くなければモデルにはなれない。（个子不高，当不了模特。）

～ようにする

[意思]
表示从不可能的状态变为可能的状态，或从不能实施的状态变为可实施的状态。
[接续]
V - る／ない ＋ ようにする
[例句]

・今度こんな状況に出合ったら、すぐに気が付くようにしたい。（下次再遇到这种情况，我希望自己能马上意识到。）

・油物は食べないようにしている。（我尽量不吃油腻的食物。）

・できるだけ体を動かすようにしています。（我尽可能地让身体动起来。）

・試験当日は、目覚ましを3台セットして寝坊しないようにしましょう。（考试当天请上三台闹钟，以防迟到。）

练 习

以下の言葉や文法を使って、1つの文を作りなさい。／请用下列词汇和短语造句。

1. 約束・忘れる・信じる（～なんて）

2. 彼・歌手・有名（〜として）

3. 天安門・有名・外国人・知る（〜のだから）

4. 計算・大人・できる（〜でも）

5. 練習する・演出する・できる（〜なければ〜ない）

6. カロリー・高いもの・食べる（〜ようにする）

不久前，我去附近的一家超市购物。

离开超市时，前面有一位坐电动轮椅的老人。我很匆忙，就越过老人，先站在自动门前。当门打开时，我听到一个声音在说"谢谢"。我惊讶地转过身，看到老人开心地笑着向我道谢。我心里一惊，于是等着老人先过去。

我觉得很对不起老人。因为直到他向我道谢，我才意识到，对于老人来说，通过自动门是件很困难的事。虽然结果是善举，但那是偶然的，并不是出于真心。

这件事让我真切地感受到，即使对于我来说没什么大不了的事，也会有人很辛苦才能做到。

如果不站在那个人的立场上，是很难理解的。下次再遇到这种情况，我希望自己能马上意识到。而且，如果再有人谢我，我希望是因为我做出了发自内心的善意行为。

読解/阅读35

川の水がなぜなくならないか、考えたことがあるだろうか。

水は上から下へと流れている。だから、<u>いつかなくなってもよさそうなものなのに</u>、なくならないのはなぜだろう。

日本は地形が急峻で川は短い。いくつもの国境を越えて海に流れつく大陸の大河とは、まるで性質が違う。「日本の川は滝だ」といわれるゆえんである。

そんな急流の川だから、雨が降っても1日で海に捨てられ、あとはたちまち乾いてしまってもいいはずである。それなのに、冬の間、1か月も2か月も雨がなくても川の水はなくならない。利根川も木曽川も筑後川も、流れているのはなぜなのか。<u>そんな不思議</u>をあなたは考えたことがあるだろうか。

それこそは森林のおかげである。森林の土壌が雨を受け止め、その水は地下に滲み込み、ゆっくりと地下を移動し、何十年、ときには何百年もの歳月をかけて地表に湧き出てくる。その湧き水の集まりが川なのだ。日本列島がもし（　ア　）だったら、水は存在しないはずである。水は土壌の産物なのである。

　その土壌は日本では、大昔から先祖たちが手をかけ守り育ててきた「労働の産物」であった。日本の植林の歴史は、稲作が始まるよりはるか以前の6000年もの昔に遡ることができる。そして、以来今日まで、連綿として「木を伐っては植える文化」が受け継がれてきたのである。

1.「いつかなくなってもよさそう」とあるが、文中ではどんな意味か。
A. なくなったら困る　　　　　　　　B. なくなっても大丈夫だ
C. いつか乾いてしまうだろう　　　　D. 乾いてしまう可能性はぜんぜんない
2.「そんな不思議」とあるが、どんな不思議か。
A. 川がたちまち乾いてしまうこと
B. 川が滝のように流れていること
C. 利根川も木曽川も筑後川も流れていること
D. 雨が降らなくても川の水はなくならないこと
3.（　ア　）に入れる最も適当な言葉は次のどれか。
A. 森林　　　　　　　　　　　　　　B. 土壌
C. 石の山　　　　　　　　　　　　　D. 急峻な地形
4. 日本の川の特徴は次のどれか。
A. 短くて流れの速い川が多い　　　　B. 長くて流れの穏やかな川が多い
C. 国境を越えて流れていく川が多い　D. 雨が降らないと水がなくなる川が多い
5. この文章では土壌、植林、川の関係はどうなっているか。
A. 川 → 植林 → 土壌　　　　　　　B. 植林 → 土壌 → 川
C. 土壌 → 植林 → 川　　　　　　　D. 土壌 → 川 → 植林

（2017大学日语四级阅读）

词语解析

いくつも① 好几个，很多
まるで⓪ 就像，宛如
ゆえん⓪ 原因，理由，来由
たちまち⓪ 转瞬间，立刻，马上
それこそ③ 那正是，这正是

受け止める④⓪ 接住，挡住

ときには② 有时

手をかける①+② 亲手，亲自

はるか① 远，遥远

遡(さかのぼ)る④ 追溯，回溯

语法解析

～たことがある/ない

[意思]
用于表述曾经经历或未经历过某事。曾经（不曾）……过。
[接续]
V-た + ことがある/ない
[例句]

・川の水がなぜなくならないか、考えたことがあるだろうか。（你有没有想过，为什么河水永远不会枯竭？）

・そんな不思議をあなたは考えたことがあるだろうか。（这么不可思议的事你想过吗？）

・富士山に登ったことがあります。（我登过富士山。）

・一人で旅をしたことがない。（我没有一个人旅行过。）

・その本は子供の時、読んだことがあります。（这本书我小时候读过。）

～だろうか

[意思]
提出自己的疑虑，间接地表示对听话人的一种询问。
[接续]
V + だろうか
[例句]

・川の水がなぜなくならないか、考えたことがあるだろうか。（你有没有想过，为什么河水永远不会枯竭？）

・そんな不思議をあなたは考えたことがあるだろうか。（这么不可思议的事你想过

吗？）
- 佐藤さんはこんな仕事を引き受けてくれるだろうか。（佐藤先生会接受这样的工作吗？）
- こんな話、誰か信じてくれるだろうか。（这种事情，谁会相信呢？）

～のに

[意思]
表示后项事实与由前项推测出的结果不相符，多含有说话人惊讶或不满的情绪。虽然……却……，居然……。

[接续]
N/Na ＋ のに
N/Na ＋ のに
A-い/A-かった ＋ のに
V-る/V-た ＋ のに

[例句]
- だから、いつかなくなってもよさそうなものなのに、なくならないのはなぜだろう。（因此，它似乎应该在某个时候消失，但为什么没有呢？）
- それなのに、冬の間、1か月も2か月も雨がなくても川の水はなくならない。（然而，即使冬季一两个月不下雨，河水也不会枯竭。）
- もう春なのに真冬のように寒い。（已经春天了，却像严冬一样寒冷。）
- 今日は日曜日なのに会社に行きます。（今天是星期天，还是要去公司。）
- 薬を飲んだのに、全然良くなりません。（明明喝了药，却一点也没好转。）

～てもいい

[意思]
可以表示许可、可能性、提议、让步等。可以，也行；也可，也成。

[接续]
N/Na ＋ でもいい
A-く ＋ てもいい
V-て ＋ もいい

［例句］

- そんな急流の川だから、雨が降っても1日で海に捨てられ、あとはたちまち乾いてしまってもいいはずである。（由于河流湍急，即使下雨，也会在一天之内倾泻入海，然后迅速干涸。）

- すみません、ここに座ってもいいですか。（不好意思，请问可以坐在这里吗？）

- 塩のかわりに、醤油で味をつけてもいい。（用酱油代替盐调味也可以。）

- この仕事、僕が引き受けてもいいよ。（这份工作，我来接也可以哦。）

- 印鑑がなければ、サインでもいいです。（如果没有印章，签名也可以。）

～はずだ

［意思］
表示比较肯定的判断、推测。应该……。

［接续］
Nの ＋ はずだ
Naな ＋ はずだ
V ＋ はずだ
A/V ＋ はずだ

［例句］
- あとはたちまち乾いてしまってもいいはずである。（然后迅速干涸。）
- 水は存在しないはずである。（水应该就不存在了。）
- 田中さんは明日横浜に行くと言っていたから、会議には来ないはずだ。（田中先生说了，明天会去横滨，所以应该不会来参加会议。）
- マリアさんは20年も日本に住んでいるから、日本語が上手なはずです。（玛丽亚在日本住了20年之久，日语应该很好。）

もし～たら

［意思］
顺接假定条件，对事物进行假设。如果……的话。

[接续]
V + たら/V + なかったら
A + たら/イA + なかったら
Na + だったら/Na + じゃなかったら
N + だったら/N + じゃなかったら
[例句]
・日本列島がもし石の山だったら、水は存在しないはずである。（如果日本列岛是石山的话，水应该就不存在了。）

・もし暇だったら、いっしょに映画を見に行かない？（如果你有空的话，我们一起去看电影吧？）

・もし雨が降ってきたら、洗濯物を取り込んでおいてね。（如果雨下起来的话，记得把晒在外面的衣物收进来哦。）

～ことができる

[意思]
表示有可能性。能，可以。
[接续]
V-る + ことができる
[例句]
・日本の植林の歴史は、稲作が始まるよりはるか以前の6000年もの昔に遡ることができる。（日本植树造林的历史可以追溯到6000年前，远早于水稻种植。）

・この店は、クレジットカードで払うことができる。（这家店可以用信用卡付款。）

・すみませんが、ご要望にはおこたえすることはできません。（抱歉，我们不能答应您的要求。）

・ただいま、留守にしております。電話に出ることができません。（现在不在家，无法接听电话。）

～のである

[意思]
……是……的。（灵活翻译或不译）

[接续]
N/Naな ＋ のである
A/V ＋ のである
[例句]
・そして、以来今日まで、連綿として「木を伐っては植える文化」が受け継がれてきたのである。（从那时起，"伐木植树文化"就代代相传，直到今天。）
・この問題は簡単に解決できないのである。（这个问题不容易解决。）
・これからはあなたたちがこの店を守り続けていくのである。（接下来就要靠你们把店维持下去了。）

练习

以下の言葉や文法を使って、1つの文を作りなさい。/请用下列词汇和短语造句。

1. 車・運転する（～たことがある/ない）

2. 短所・人・存在する（～だろうか）

3. 毎日・運動する・痩せる（～のに）

4. テスト・辞書・使う（～てもいい）

5. 今日・日曜日・休み（～はずだ）

6. 雨・降る・運動会・中止（もし～たら）

7. あの子供・1000メートル以上・泳ぐ（～ことができる）

8. これ・事実（～のである）

译文

你有没有想过，为什么河水永远不会枯竭？

水从上往下流，因此，它似乎应该在某个时候消失，但为什么没有呢？

　　日本地势陡峭，河流短小。它们与大陆上跨越许多国界再流入大海的大河截然不同。因此，人们说日本的河流像瀑布一样。

　　由于河流湍急，即使下雨，也会在一天之内倾泻入海，然后迅速干涸。然而，即使冬季一两个月不下雨，河水也不会枯竭。利根川、木曾川、筑后川为什么都在源源不断地流淌呢？这么不可思议的事你想过吗？

　　这正是森林的功劳。森林的土壤吸收雨水，雨水渗入地下，在地下缓慢流动，经过几十年，甚至几百年的岁月才涌出地表。这些涌出的水汇集成河流。如果日本列岛是石山的话，水应该就不存在了。水是土壤的产物。

　　日本的这片土壤是祖先自古以来亲手培育的"劳动产物"。日本植树造林的历史可以追溯到 6000 年前，远早于水稻种植。从那时起，"伐木植树文化"就代代相传，直到今天。

読解/阅读 36

加藤さん

　a. さて、先月の25日に今年のクラス会が無事に開かれました。高校を卒業してからちょうど10年目のクラス会ということで、ご指導くださった田中先生とクラスの卒業生32名が出席しました。毎年、幹事として出席していた加藤さんが欠席だったことが残念でしたが、楽しい時間を過ごしました。

　b. 秋も深まってまいりましたが、お元気でお過ごしのことと思います。そちらでの生活には、もう慣れましたか。

　c. 長い間幹事をしてきた加藤さんからもぜひよいお知恵をお借りしたいので、これからはたびたび相談にのってもらえればと思います。今後はメールでご連絡しますので、よろしくお願いします。では、また。

　d. ところで、来年も10月ごろクラス会を開くことになりましたが、今後は卒業した高校周辺で行うのではなく、大阪、京都、神戸、奈良など、いろいろな所に場所を移してしようということになりました。来年の候補地は京都になり、京都で大学の講師をしている佐々木君とあちらの大学を卒業した私なら京都に詳しいからと言われ、（　ア　）ことになりました。佐々木君とも話し合い、より楽しいクラス会にしようと張り切っています。

竹中　景子

1. 上のa～dは、もとの手紙の段落順番を変えたもので、もとの順番は次のどれか。
A. a→b→d→c　　　　　　　　B. b→a→d→c
C. a→c→b→d　　　　　　　　D. b→d→a→c

2．（ア）に入る言葉は次のどれか。
A. 相談に乗る　　　　　　　　　　B. 加藤さんに報告する
C. 幹事を引き受ける　　　　　　　D. メールでみんなに連絡する
3．加藤さんはどんな人か。
A. 京都大学を卒業した人　　　　　B. 今年もクラス会に出席した人
C. 元クラス会の幹事をした人　　　D. 来年もクラス会の幹事をする人
4．この手紙を書いた人が次のクラス会の幹事に選ばれたのはなぜか。
A. 卒業した高校の近くにいるから
B. 京都の大学で講師をしているから
C. 加藤さんといつでも連絡が取れるから
D. クラス会の候補地をよく知っているから
5．この手紙を書いた一番の目的は次のどれか。
A. 次の幹事に選ばれたことを知らせるため
B. これからはメールで日々のことを知らせてほしいため
C. 楽しいクラス会を開くためのアイデアを教えてほしいため
D. 今回のクラス会に田中先生が出席したことを知らせるため

（2020大学日语四级阅读）

词语解析

さて① 那么，好

ちょうど⓪ 好，正好

幹事① 干事，负责人

深まる③ 加深，深起来

たびたび⓪ 再三，屡次

相談に乗る⓪＋⓪ 帮忙出主意，参与商谈、商量

移す② 转，移动

話し合う④ 谈话，讨论，商量

張り切る③ 有精神，鼓足干劲

语法解析

～てまいる／てくる

[意思]

表示发生变化，开始……起来。

[接续]

V‐て ＋ まいる／くる

[例句]

・秋も深まってまいりましたが。（秋意渐浓。）

・ずいぶん寒くなってきたね。（真的冷起来了呢。）

・雨が降ってきた。（下起雨来了。）

・社会人になって、運動不足で、太ってきた。（踏入社会后，由于缺乏运动，变胖了。）

～と思う

[意思]

表示该内容是说话人的主观判断、个人意见。我认为……，我觉得……。

[接续]

N／A／Na／V＋ と思う

[例句]

・お元気でお過ごしのことと思います。（希望您一切都好。）

・これからはたびたび相談にのってもらえればと思います。（今后如果能经常跟您商量就太好了。）

・彼は来ないと思う。（我觉得他不会来。）

・あの人のやり方はひどいと思います。（我觉得那个人的做法很过分。）

～ことになる／（という）ことになる

[意思]

就将来的某种行为做出决定，达成共识，得出结果，表示该决定、结果是自然而然、

自发形成的等。
［接续］
N ＋ ということになる
A-い/くない ＋ （という）ことになる
V-る/ない ＋ （という）ことになる
［例句］

- 来年も10月ごろクラス会を開くことになりました。（明年10月左右，我们将举行一次班级聚会。）

- いろいろな所に場所を移してしようということになりました。（决定在多地轮流举行。）

- 幹事を引き受けることになりました。（决定由我们担任秘书一职。）

- 今度、名古屋支社に行くことになりました。（我这次被调到名古屋分公司。）

- よく話し合った結果、やはり別れるということになった。（反复商量之后，决定还是分开。）

～と言われている

［意思］
用于表述大家普遍认可的事或评价。
［例句］

- 京都で大学の講師をしている佐々木君とあちらの大学を卒業した私なら京都に詳しいからと言われ、…。（佐佐木君是京都一所大学的讲师，我从京都的大学毕业，大家一致认为我们对京都比较熟悉……）

- この映画は映画史上の最高傑作だと言われている。（这部影片被誉为电影史上最杰出的影片。）

- この水を飲めば、若返ると言われている。（大家都说喝了这水可以返老还童。）

- 野菜は健康にいいと言われている。（大家普遍认为蔬菜对身体有益。）

・彼らは今年中に結婚すると言われている。（大家都认为他们今年之内会结婚。）

练习

以下の言葉や文法を使って、1つの文を作りなさい。/请用下列词汇和短语造句。

1. 天気・暖かい・なる（～てまいる/てくる）

2. 先生・もう・帰る（～と思う）

3. 来月・長期・中国・出張する（～ことになる）

4. 彼女・母親・有名・作家（～と言われている）

译文

加藤先生

a. 今年的班级聚会上个月25日成功举行。因为正好是高中毕业后第10年的班级聚会，指导我们的田中老师和班上32名毕业生都出席了。遗憾的是，每年都以秘书身份出席的加藤先生没有出席，但大家都玩得很开心。

b. 秋意渐浓，希望您一切都好。您习惯了那里的生活吗？

c. 我很想向长期担任秘书的加藤先生借鉴一些好的经验，今后如果能经常跟您商量就太好了。今后会用邮件联系您，请多多关照。再会！

d. 对了，明年10月左右也要举办班级聚会，但今后不是在毕业的高中附近举行，而是在大阪、京都、神户、奈良等多地轮流举行。明年的候选地是京都。佐佐木君是京都一所大学的讲师，我从京都的大学毕业，大家一致认为我们对京都比较熟悉，所以决定由我们担任秘书一职。我也会和佐佐木好好商量一下，努力为大家营造一次更欢乐的班级聚会。

竹中　景子

読解/阅读 37

「不登校」は、以前「登校拒否」と呼ばれていました。しかし現実には、登校したい

と考えているのに、いざ登校しようとすると、心理的な葛藤状態に陥り、登校できなくなるケースがほとんどです。そこで「登校拒否」という言葉は不適切とされ、「不登校」の言葉が用いられるようになりました。

不登校の初期には身体症状を伴いやすく、朝方になると、腹痛や下痢や頭痛、嘔吐などの症状が現れます。ところが昼ごろからは元気になり、食欲も戻り、体調もよくなることが多いのです。ですから、しばしば「学校を怠りたいための仮病」という非難が浴びせられたりするのですが、決して「仮病」ではありません。「学校に行かなければならない」というストレスが身体症状として現れるのです。

（ア）、不登校の子どもに対しては、本人の訴えをよく聞き、その心理的苦痛を理解して、対応する必要があります。

1. 「不登校」の原因はどれか。
A. 学校が嫌いだから　　　　　　　B. 体が弱くて登校できないから
C. 仮病が認められるから　　　　　D. ストレスがたまっているから
2. 「登校拒否」という言葉が使われなくなった原因はどれか。
A. 少し古いから　　　　　　　　　B. 禁じられたから
C. 適切ではないから　　　　　　　D. 分かりにくいから
3. 文中（ア）に入れるのに最も適当なものはどれか。
A. しかし　　　　　　　　　　　　B. ですから
C. それから　　　　　　　　　　　D. それでも
4. 不登校の子どもにない身体症状は次のどれか。
A. 眠気　　　　　　　　　　　　　B. 嘔吐
C. 下痢　　　　　　　　　　　　　D. 腹痛
5. 文章の内容に合っているものはどれか。
A. 不登校はよくないことだ
B. 不登校だと病気になりやすい
C. ほとんどの子どもは登校が嫌いだ
D. 不登校の子どもを理解する必要がある

（2019大学日语四级阅读）

词语解析

いざ① 那么，一旦

葛藤⓪ 纠葛，矛盾

陥る③ 陷入，落入

ケース① 例子，情况

ほとんど② 几乎，大部分

そこで⓪ 于是，所以

不適切② 不适宜，不适合

伴う③ 伴随

朝方⓪ 清晨，清早

下痢⓪ 拉肚子，腹泻

しばしば① 常常，屡次

仮病⓪ 装病

怠る⓪③ 懈怠，懒惰

非難① 谴责，指责

ストレス② 精神压力，精神紧张

语法解析

〜やすい

[意思]
表示该动作很容易做或该事情很容易发生。容易……。

[接続]
V_R - ＋ やすい

[例句]
・不登校の初期には身体症状を伴いやすく、…。（逃学的早期阶段往往伴随身体症状……）

・このシャーペンはとても書きやすい。（这支自动铅笔很好写。）

・小川先生の説明は他の先生よりも分かりやすいです。（小川老师的讲解比其他老师的更容易理解。）

・この入れ物は割れやすいので、注意してください。（这个容器很容易破碎，请注意。）

- 彼女は太りやすい体質なので、食べすぎないようにしているそうです。（她是易胖体质，所以她很注意控制饮食。）

決して～ない

[意思]
常与否定形或表示禁止的表达方式一起使用，表示加强语气或表达自己强烈的决心或意志。一定不是……，绝不能……。

[例句]

- 決して「仮病」ではありません。（绝不是"装病"。）

- 君のことは決して忘れません。（我绝不会忘了你。）

- 私は決して夢をあきらめない。（我一定不会放弃梦想。）

- 知らない人に誘われても、決してついて行ってはいけない。（如果陌生人邀请你加入他们，千万不要跟随。）

练习

以下の言葉や文法を使って、1つの文を作りなさい。/请用下列词汇和短语造句。

1. リンゴ・食べる・大きさ・切る（～やすい）
2. この部屋・入る（決して～ない）

译文

"逃学"以前称为"拒绝上学"，但实际上，大多数学生都想上学，可一旦要上学的时候，就会内心纠结，无法上学。因此，"拒绝上学"一词被认为是不恰当的，因而开始使用"逃学"一词。

逃学的早期阶段往往伴随身体症状，一到早上，就会出现腹痛、腹泻、头痛、呕吐等

症状，但是，他们往往从中午开始就变得有精神了，食欲恢复，身体状况也变好了。因此，虽然人们经常指责他们"为逃学装病"等，但这绝不是"装病"，而是"必须上学"的压力表现为身体症状。

　　因此，对于不愿意去学校的孩子，有必要仔细倾听他们的诉说，了解他们的心理困扰并加以处理。

読解/阅读38

　　現代人は大衆の中の一人ではなく、名前がある個人として認められると、自分の存在が尊重されたと自尊心が満たされ、私は大切にされていると、喜びを感じます。

　　「お客様を名前で呼びましょう」と教育している店が多いです。クレジットカードやメンバーカードの使用で名前がわかるので、その時点からは「お客様」でなく、「○○様」と個人名で呼ぼうというものです。（中略）

　　筆者はレジでクレジットカード払いをしたときに、「小林様、いつもお買い上げありがとうございます」といわれると、その店の上得意になったようで、ちょっと優越感を感じます。私は名前を知らない応対者から自分の名前を呼ばれると、急に親近感がわき、相手に優しい気持ちを持つようになります。

　　（ア）、名前で呼びかけられて困ることもあります。夜や土日を中心に買い物に行くOLと異なり、私は近所のショッピングセンターへ曜日、時間に関係なく出かけます。平日の昼ごろ顔なじみの従業員が私を見つけると「あら～小林さん、こんな時間にどうしたの？休み？」と声をかけてきます。エスカレーター脇で私の仕事の事情を話すつもりもなく、あたふたします。せめて「小林さん、こんにちは」でやめてほしいなあと気弱に願い、平日の昼間はドキドキしながら店に行っています。

1.「その時点」とあるが、どんな時点か。
A. 店の人の名前がわかった時点　　　B. クレジットカードを持った時点
C. クレジットカードを使用した時点　D. 店の人が自分の名前がわかった時点
2. ここの「相手」は誰のことを指すか。
A. 顔なじみの従業員
B. どこででも名前で呼んでくれる店の人
C. 自分のことを名前で呼んでくれた店の応対者
D. 「お客様を名前で呼びましょう」と教育している店の責任者
3. （　ア　）に入る言葉は次のどれか。
A. しかし　　　　　　　　　　B. 例えば
C. すると　　　　　　　　　　D. だから

4. 筆者は、店内で店員に名前で呼ばれると、どのように感じると言っているか。
A. 店員が優しい人と感じられる
B. 上の人間から注意されたような感じがする
C. 店員に対して友達のような親しさを感じる
D. 大切な客として特別な扱いを受けている感じがする
5. この文章で筆者が言いたいことは次のどれか。
A. 店員と客が親しく接するのはいいことだ
B. 名前で呼ばれることは常にありがたいわけではない
C. 店の外では、一人の人間として同じ立場で接するべきだ
D. 店内で客を名前で呼ぶことは、個人のプライバシーの点で問題がある

（2018大学日语四级阅读）

词语解析

クレジットカード⑥ 信用卡
メンバーカード⑤ 会员卡，成员卡
レジ① 现金出纳机，收银台，收银员

買い上げ⓪ 购买

上得意③ 大客户，尊客，贵宾

わく⓪ （某种情感的）涌现，产生

呼び掛ける④ 呼唤，召唤

顔なじみ⓪③ 熟人，老相识

見付ける⓪ 看到，发现

声をかける①+② 搭话，说话

エスカレーター④ 自动扶梯

脇② 旁边，边

あたふた① 急忙，慌慌张张

気弱⓪ 懦弱

ドキドキ① 扑通扑通，心跳加速

语法解析

～ではなく／ではなくて／でなく

[意思]
用于否定，其后面附上正确的内容，是一种订正的表达方式。不是……，而是……。

[接续]
N/Na なの ＋ ではなく／ではなくて／でなく
A/V ＋ ではなく／ではなくて／でなく

[例句]

- 現代人は大衆の中の一人ではなく、名前がある個人として認められると、…。（现代人如果被人以名字称呼，而不是混同于芸芸众生中的一员……）

- その時点からは「お客様」でなく、「○○様」と個人名で呼ぼうというものです。（所以从那时候开始就不再称呼为"顾客"，而是"××小姐"。）

- 私が買いたかったのは、日中辞典ではなく、中日辞典である。（我想买的不是日汉词典，是汉日词典。）

- 報酬の問題ではなく、仕事の量や形なんです。（不是报酬的问题，而是工作量和形式的问题。）

～ようになる

[意思]
表示从不可能的状态变为可能的状态，或不可实施的状态变为能实施的状态。变得……。

[接续]
V-る ＋ ようになる

[例句]

- 相手に優しい気持ちを持つようになります。（对对方也会更友善。）

- だんだん日本語が話せるようになりました。（慢慢变得能讲日语了。）

- 隣の少年は最近きちんとあいさつするようになった。（隔壁的少年最近开始主动

与人打招呼了。)

・日本に来たばかりの時は全然日本語が聞き取れなかったが、今では少し聞き取れるようになった。(刚来日本的时候完全听不懂日语，现在可以听懂一些了。)

～ことがある /こともある

［意思］
表示虽然不是经常，但有时或偶尔会发生某事。有时候……，偶尔……。
［接续］
V-る/V-ない ＋ ことがある/こともある
［例句］

・名前で呼びかけられて困ることもあります。(有时也会因为被叫名字而感到困扰。)

・仲がいい友達もたまに喧嘩をすることがある。(关系好的朋友也偶尔会吵架。)

・梅雨の天気が続くと、害虫の被害を受けることがある。(持续的梅雨天气可能会导致虫害。)

・長雨が続くと、害虫の被害を受けることがある。(长期下雨可能会导致虫害。)

・時々テレビをつけたまま寝てしまうことがあります。(有时开着电视就睡着了。)

・鈴木部長はとても仕事ができる人ですが、失敗することもあります。(铃木部长是个工作能力很强的人，但也会失败。)

～を中心に

［意思］
以……为中心，以……为重点，围绕着……。
［接续］
N ＋ を中心に
［例句］

・夜や土日を中心に買い物に行くOLと異なり、私は近所のショッピングセンターへ曜日、時間に関係なく出かけます。(和其他经常在晚上和周末去购物的职业女性

不同，我是不管星期几，也不管任何时间，随时都会去附近的购物中心的。）
- 地球は太陽を中心に回っている。（地球以太阳为中心旋转。）
- 若い世代を中心に携帯電話で漫画や小説を読む人が増えています。（以年轻人为主，用手机看漫画或小说的人在增加。）
- 今回の会議は来年度の計画を中心に話し合いたいと思います。（这次会议将重点讨论来年的计划。）

～つもりはない

［意思］
不打算……。
［接续］
V-る ＋ つもりはない
［例句］
- エスカレーター脇で私の仕事の事情を話すつもりもなく、あたふたします。（我根本也没打算在自动扶梯旁边谈论我的工作情况，就会慌张起来。）
- 趣味でピアノを習い始めたが、プロになるつもりはない。（因为兴趣开始学习钢琴，并不想成为一名职业钢琴家。）
- 今すぐ行くつもりはないが、フランスのことを知っておきたい。（并没有打算现在就去，还是想先了解法国的情况。）
- この授業を聴講してみたい。単位を取るつもりはないけど。（想试听一下这门课，并没有打算修学分。）

せめて

［意思］
表示"尽管不充分，但至少也……"的意思，后续多用决心、愿望等表达方式。
［例句］
- せめて「小林さん、こんにちは」でやめてほしいなあと気弱に願い、…。（希望他们至多说声"小林小姐，你好"，就结束对话……）

- 夏はせめて一か月ぐらい休みがほしい。（夏天至少想休息一个月。）
- 明日が無理なら、せめてあさってくらいまでに返事をしてほしい。（如果明天不行，最晚后天得给我回复。）
- せめてあと10分待ってくれませんか。（能否至少再等10分钟？）
- 今週が無理なら、せめて来週中には完成させたい。（这周不行的话，至少下周之内要完成。）

〜ながら

［意思］
前后连接动词，表示两个动作同时进行。一边……一边……，……的同时……。

［接续］
V_R - ＋ ながら

［例句］
- 平日の昼間はドキドキしながら店に行っています。（工作日的白天去店铺，我还是有些忐忑不安的。）
- 音楽を聞きながら運転をしている。（边听音乐边开车。）
- その辺でコーヒーを飲みながら話しましょう。（我们在附近边喝咖啡边谈吧。）
- 姉はアルバイトをしながら大学に通っている。（姐姐边打工边上大学。）

练 习

以下の言葉や文法を使って、1つの文を作りなさい。/请用下列词汇和短语造句。

1. 彼・正社員・バイト（〜ではなく／ではなくて／でなく）

2. うちの子・一人で・自転車・乗る（〜ようになる）

3. このパソコン・たまに・フリーズする（〜ことがある／こともある）

4. ゲーム・子供・人気・集める（～を中心に）

5. 自分・意見・変える（～つもりはない）

6. 10人・以上・必要（せめて）

7. 音楽・聞く・散歩する（～ながら）

译文

现代人如果被人以名字称呼，而不是混同于芸芸众生中的一员，就会感到自己的存在被尊重，自尊心得到满足，有被重视的喜悦。

很多店铺都教育新人"要称呼顾客的名字"。因为通过顾客使用的信用卡或会员卡就能知道名字，所以从那时候开始就不再称呼为"顾客"，而是"××小姐"。（中略）

在收银台用信用卡付款的时候，如果有人对我说："小林小姐，谢谢您的惠顾"，我就会立马感觉自己好像成了那家店铺的大客户，优越感油然而生。如果有不认识的接待员叫我的名字，我就会突然产生亲近感，对对方也会更友善。

然而，有时也会因为被叫名字而感到困扰。和其他经常在晚上和周末去购物的职业女性不同，我是不管星期几，也不管任何时间，随时都会去附近的购物中心的。工作日的中午，相熟的员工一看到我，总会问："哎呀，小林小姐，怎么这个时间来了？你在度假吗？"我根本也没打算在自动扶梯旁边谈论我的工作情况，就会慌张起来。我总是暗暗地祈祷，希望他们至多说声"小林小姐，你好"，就结束对话。工作日的白天去店铺，我还是有些忐忑不安的。

読解/阅读 39

リンダ・グラットン氏は著書『LIFE SHIFT～100年時代の人生戦略～』において「100年ライフ」の到来を予測し、「教育→仕事→引退」という<u>旧来の人生設計が過去のものになる</u>と提示しています。

人生が短かった時代は「教育→仕事→引退」という古い3ステージの生き方で問題なかった。（ア）、寿命が延びれば、2番目の「仕事」のステージが長くなる。引退年齢が70～80歳になり、長い期間働くようになるのです。

90～100歳で死ぬのが当たり前になれば、80歳ぐらいまで働くことになるのは、何ら不思議ではありません。定年延長について「死ぬまで働けというのか！」と<u>ネガティブ</u>

に捉える人も少なからずいるようですが、「そのとおりです」と言いたいです。

これまで説明してきたように、年金や健康保険といった社会保障費は財源的に極めて厳しいと言わざるをえません。「60歳で定年を迎えて、老後は悠々自適に…」なんて悠長なことを言っていられたのは、70歳ぐらいで死ぬ時代で、なおかつ高度経済成長やバブル経済の余韻がまだ残っていた時代、すなわち「日本が豊かだった時代」の話です。

日本は先進国であるとはいえ、もはや世界をリードしているとは言えないでしょう。だからこそ、生涯働き続けることから逃れることはできないのです。

1.「旧来の人生設計が過去のものになる」とあるが、そう言える理由は次のどれか。
A. 日本は豊かな国だから
B. 教育のレベルが高くなるから
C. 人間の寿命は大幅に延びるから
D. 人生はいろいろな可能性があるから

2.（ ア ）に入る言葉は次のどれか。
A. また　　　　　　　　　　B. しかし
C. だから　　　　　　　　　D. そして

3.「ネガティブに捉える人も少なからずいる」とあるが、どういう意味か。
A. 否定的に受け止める人が多い
B. 肯定的に受け止める人が多い
C. 否定的に受け止める人が少ない
D. 肯定的に受け止める人が少ない

4.「60歳で定年を迎えて、老後は悠々自適に…」とあるが、いつどこのことを言っているのか。
A. 今の日本　　　　　　　　B. いまの世界
C. 昔の日本　　　　　　　　D. これからの日本

5. 筆者がもっとも言いたいことは次のどれか。
A. 日本はいまでも豊かな国である
B. 平均寿命が延びるのは不思議ではない
C. 日本は世界をリードしている先進国である
D. 日本はこれから生涯働き続ける社会になるだろう

(2021 大学日语四级阅读)

词语解析

旧来① 以往，从前

提示⓪ 提示，出示

ステージ② 阶段

当たり前⓪ 当然，不用说

ネガティブ① 否定的，消极的

～的⓪ ……式（的）；在……方面；在……上（的）

悠々自適⓪③ 悠然自得

悠長① 从容不迫，悠然

尚且つ① 而且，并且

バブル経済④ 泡沫经济

余韻⓪ 余音，余味

すなわち② 即，就是，换言之

もはや① （事到如今）早已，（时至今日）已经

リード① 领导，带领

生涯① 终生，一辈子

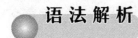

语法解析

～において

[意思]
接表示场所、时代或状况的名词，表示某事件或某状态存在的背景。在……地点，在……时候，在……方面。

[接续]
N ＋ において

[例句]
- リンダ・グラットン氏は著書『LIFE SHIFT～100年時代の人生戦略～』において「100年ライフ」の到来を予測した。（琳达·格拉顿在其著作《生活转变：百年时代的人生战略》中预测了"百年人生"的到来。）

- 運動会は雨で体育館において行われた。（由于下雨，运动会在礼堂举行。）

- 日本語教育において、彼より優れているものはいないだろう。（在日语教育方面，没有人比他更优秀了吧。）
- 人生において一番大切なことは、後悔しないように自分がしたいことをすることだ。（人生最重要的，是无怨无悔地做自己想做的事。）

～という～

[意思]
用于告知听话人不知道的事物、人或场所等的名字。叫……。

[接续]
N ＋ という＋ N

[例句]
- 人生が短かった時代は「教育→仕事→引退」という古い3ステージの生き方で問題なかった。（在生命短暂的时候，"教育→工作→退休"这种老的三阶段生活方式没有问题。）
- 田中さんはチョコという犬を飼っている。（田中先生养了一只名叫乔科的狗。）
- 村上春樹という小説家を知っていますか。（你知道村上春树这位小说家吗？）
- 私は中国の武漢という町から来ました。（我来自中国一个叫武汉的城市。）

～ようだ

[意思]
表示说话人对某事物所具有的印象或推测性的判断。好像……。

[接续]
Nの＋ ようだ
Naな ＋ ようだ
A/V ＋ ようだ

[例句]
- 定年延長について「死ぬまで働けというのか！」とネガティブに捉える人も少なからずいるようです。（关于延长退休年龄，貌似有不少人消极地认为"难道要我工作到死吗！"）

・あのレストランは人がたくさん並んでいるので、人気があるようです。（那家餐厅排着很多人，貌似很有人气。）

・鼻水が出るし、咳も止まらないし、風邪を引いたようだ。（又流鼻涕，又咳嗽，好像是感冒了。）

～てくる

[意思]
表示某种变化或动作从过去一直持续到现在。一直……下来。
[接续]
V-て ＋ くる
[例句]

・3年間、毎日日本語の勉強を続けてきたので、だいぶ上達しました。（持续3年每天都坚持学习日语，因此进步了很多。）

・今まで一生懸命頑張ってきたんだから、絶対に大丈夫だ。（因为到现在为止一直都非常努力，所以肯定没问题。）

・インターネットの普及によって、私たちの生活はずいぶん変わってきました。（由于互联网的普及，我们的生活有了很大的变化。）

～ざるをえない

[意思]
表示除此之外没有其他选择，书面用语。不得不……。
[接续]
V- ＋ ざるをえない
[例句]

・これまで説明してきたように、年金や健康保険といった社会保障費は財源的に極めて厳しいと言わざるをえません。（正如前文所述，养老金和医疗保险等社会保障费用的筹措极为困难。）

・父に言われたことだから、やらざるをえない。（因为是父亲吩咐的，所以不得不做。）

- 明日のテストの成績が悪いと、留年が決定するので、今日は徹夜してもしっかり勉強せざるをえない。（明天考试成绩不好的话，将会留级，所以今天即使熬通宵也必须要好好学习。）
- 他に誰もやる人がいないのであれば、私がやらざるをえない。（如果没有其他人干的话，我就不得不做了。）

～とはいえ

[意思]
用于与前面的事情所预想、期待的结果不一致。虽然……但是……，虽然……可是……。

[接续]
N/Na ＋ （だ）とはいえ
A/V ＋ とはいえ

[例句]
- 日本は先進国であるとはいえ、もはや世界をリードしているとは言えないでしょう。（日本虽说是发达国家，但已经不能说它在引领世界。）
- ここは最寄りの駅とはいえ、自宅から自転車でも２０分はかかる。（这里虽说是最近的车站，但从家里骑自行车去也要20分钟。）
- 親しい関係とはいえ、最低限の礼儀を忘れてはいけない。（虽说是亲密的关系，但也不能忘记最基本的礼貌。）
- 彼はまだ未成年だとはいえ、自分の犯した行為にしっかりと責任を持つべきだ。（虽说他还未成年，但也应该为自己的行为负责。）

练习

以下の言葉や文法を使って、１つの文を作りなさい。/请用下列词汇和短语造句。

1. 人生・大切・家族（～において）

2. 斎藤さん・人・知る（～という～）

3. あの二人・喧嘩する（～ようだ）

4. 一年生・日本語・しっかり・勉強する（～てくる）

5. 足・痛い・病院・行く（～ざるをえない）

6. 過去のこと・簡単・許す・できる（～とはいえ）

译文

　　琳达·格拉顿在其著作《生活转变：百年时代的人生战略》中预测了"百年人生"的到来，提出"教育→工作→退休"的传统人生规划将成为过去。

　　在生命短暂的时候，"教育→工作→退休"这种老的三阶段生活方式没有问题，但如果寿命延长，处于第二位的"工作"阶段就会变长。退休年龄变为70～80岁，人们就要工作很长时间。

　　如果90～100岁死去成为常态，那么工作到80岁左右也就不足为奇了。

　　关于延长退休年龄，貌似有不少人消极地认为"难道要我工作到死吗！"我想说："正是如此。"

　　正如前文所述，养老金和医疗保险等社会保障费用的筹措极为困难。人们可以悠闲地说"我将在60岁退休，安享晚年……"的时代，是人们在70岁左右去世，且经济高速增长、泡沫经济的影响仍未消除的时代，换言之，是"日本富裕时代"的事情。

　　日本虽说是发达国家，但已经不能说它在引领世界。正因为如此，终生工作是无法逃避的。

読解/阅读 40

　　めまぐるしく変動する現代社会においては、個人のライフ・スタイルもさまざまに変化し、それにともなって、仕事のもつ意味も大きく変化している。「仕事か余暇か」「仕事か家庭か」という選択はよく話題にされる問題であるし、それらのバランスをうまくとることがいかに困難かという議論もよく耳にする。そのような状況の中で、人々は、自分の仕事を、学習や勉強、趣味やレジャー活動、家族の一員としてのありかた、地域社会とのかかわり方といったさまざまな役割といかにうまく統合し、自分のライフ・スタイルをどのように確立するかということに、大きな関心をもっている。

また、生涯にわたっての自分のライフ・スタイルをどのように確立するかということも重要な問題であろう。（　ア　）、「労働者」として、自分の仕事にかける時間は、就職という出来事を機に大きく増加するが、結婚や子どもの誕生にともなって必然的に「家庭人」という重要な役割を担うことになるため、仕事のために費やされる時間やエネルギー量は相対的に減少することになる。しかし、子供が成長して家庭が安定するようになると、再び（　イ　）に投入される時間は増加し、「労働者」としての役割がその個人の生活の中で重要な位置を占めるようになる。

　このように、人生におけるさまざまな役割をどのように統合するかによって、その個人のライフ・スタイルが決定される。仕事は、さまざまな役割行動の一部であり、その他の役割行動と密接に関連している。

1. 「それら」は何を指すか。
A. 仕事、社会、個人　　　　　　　B. 仕事、余暇、家庭
C. 仕事、役割、活動　　　　　　　D. 仕事、勉強、趣味
2. 「うまく統合し」とあるが、何を統合するのか。
A. 自分の仕事とさまざまな役割　　B. 自分の仕事と変動する社会
C. 自分の仕事と地域社会　　　　　D. 自分の仕事とさまざまな活動
3. (ア)に入る言葉はどれか。
A. しかし　　　　　　　　　　　　B. それに
C. つまり　　　　　　　　　　　　D. たとえば
4. （　イ　）に入る言葉はどれか。
A. 仕事　　　　　　　　　　　　　B. 趣味
C. 家庭　　　　　　　　　　　　　D. 学習
5. この文章のタイトルとして、もっとも適切なものはどれか。
A. 労働者と家庭人　　　　　　　　B. 仕事と家庭の両立
C. 人生のさまざまな役割　　　　　D. 個人のライフ・スタイルの確立

（2022大学日语四级阅读）

词语解析

目まぐるしい⑤　眼花缭乱，目不暇接

ライフ・スタイル⑤　生活方式

伴う③　伴随，随着

バランス⓪　平衡

いかに② 多么；如何，怎样

耳にする②+⓪ 听到，听见

レジャー① 空闲，闲暇

あり方③ 现实状况，应有的状态

かかわる③ 关系到，涉及

関心を持つ⓪+① 感兴趣，有兴趣

エネルギー②③ 能量

このように③ 像这样，如此

语法解析

～し、～

[意思]
表示两个事物同时存在或有所关联。既……又……，而且……。

[接续]
N/Na/A/V ＋ し

[例句]

- 「仕事か余暇か」「仕事か家庭か」という選択はよく話題にされる問題であるし、それらのバランスをうまくとることがいかに困難かという議論もよく耳にする。（"工作还是休闲""工作还是家庭"，这类选择是经常被谈论的问题。如何在两者之间取得适当的平衡，其难度有多大，也经常被讨论。）

- このマンションは静かだし、日当たりもいい。（这间公寓很安静，光照也好。）

- スマホがあれば、メールはできるし、電話もできるし、ゲームもできる。（只要有智能手机，就可以发信息、打电话，还可以玩游戏。）

- 武漢はおいしい食べ物がたくさんあるし、人もとても親切です。（武汉有很多美食，武汉人也非常热情。）

～にわたって

[意思]
前接表示期间、次数、场所范围等词语，形容其范围规模之大。在……范围内，涉及……。

[接续]
N ＋ にわたって

[例句]

・生涯にわたっての自分のライフ・スタイルをどのように確立するかということも重要な問題であろう。（如何确立自己一生的生活方式也是一个重要的问题。）

・事故による影響で、渋滞は5キロにわたって続いている。（由于事故的影响，堵车5公里。）

・3年にわたる海外生活も終わりを迎え、明日帰国する。（三年的海外生活结束了，明天回国。）

・雨が一週間にわたって降り続いた。（雨持续下了一周。）

～によって

[意思]
表示"根据其中的某种情况"的意思。因……，根据……。

[接续]
N ＋ によって

[例句]

・このように、人生におけるさまざまな役割をどのように統合するかによって、その個人のライフ・スタイルが決定される。（因此，生活中不同角色的整合方式决定了个人的生活方式。）

・人によって考え方が異なる。（想法因人而异。）

・社長はその日の気分によって態度が変わるので、困る。（老板的态度随当天的心情而变化，这很困扰我。）

・雪によって電車が止まって、学校に遅刻してしまった。（由于下雪电车停运，上学迟到了。）

练习

以下の言葉や文法を使って、1つの文を作りなさい。/请用下列词汇和短语造句。

1. 店・おいしい・サービス・いい（〜し、〜）

2. 日本全域・台風・影響・出る（〜にわたって）

3. インターネット・どこでも・映画・見る（〜によって）

译文

  在瞬息万变的现代社会，个人的生活方式正在发生多方面的变化，与此同时，工作的意义也随之发生巨大的变化。"工作还是休闲""工作还是家庭"，这类选择是经常被谈论的问题。如何在两者之间取得适当的平衡，其难度有多大，也经常被讨论。在这种情况下，人们非常关心如何将工作与自己的各种角色结合起来，如学习和研究、业余爱好和休闲活动、作为家庭成员和社区一员等，以及如何建立自己的生活方式。

  另外，如何确立自己一生的生活方式也是一个重要的问题。例如，作为"劳动者"，就职后花在自己工作上的时间会大幅增加，但随着结婚生子，就不可避免地要承担起"家庭男人"的重要角色，这就意味着花在工作上的时间和精力会相对减少。然而，等孩子长大，家庭稳定之后，再次投入工作的时间就会增加，"劳动者"的角色在个人生活中也会重新占据重要的位置。

  因此，生活中不同角色的整合方式决定了个人的生活方式。工作是一系列角色行为的一部分，与其他角色行为密切相关。

提高篇

次の文章を読んで、質問に答えなさい。答えはABCDの中から一番いいものを1つ選びなさい。/阅读下列文章，回答问题，请从ABCD中选出最佳答案。

読解/阅读41

　桜が満開の日曜日。好きな食べ物とお酒を持ってお花見をしようと友達にメールした。今から行ってくるね！と、お昼ご飯の後、夫に言うと「え！そんなのすぐ帰れないでしょう？」と<u>本気で驚いている</u>。「5時くらいまで。3時間くらいだよ」と伝えたがそれでも納得していない表情。心底うんざりした。夕飯が遅くなるんじゃないかと心配なんだろうな。

　最初の子を妊娠した時、つわりがひどくて横になっていた場面が<u>フラッシュバックする</u>。枕元に来た夫は言ったのだ。

　「ねえ、今日の僕のごはんはどうするの？」

　土曜や日曜の仕事の日は、夫と子供たちのお昼ご飯を前の日から仕込んでおく。その献立を考えて買い物をして夕飯の後作らなくてはいけないのがだんだんつらくなり、たまには僕が用意するからいいよとか言ってくれたらなあともちかけたら、大変なけんまくで<u>どなりだした</u>。なんで土曜とか日曜に仕事を入れるんだ！口答えするなら出ていけ！それか俺の代わりに働いてこい！

　そして喧嘩になると必ず言うのだ。「誰のおかげで飯が食えてるんだ！」

　確かに私はこの人に頼って生きているのである。口下手で生真面目な夫がコツコツ働いてくれたから今があるのだ。感謝している。だけど<u>大嫌いだ</u>。話し合いたいことはたくさんあるがこんな人と話したくもない。

　幸せなのにぜいたくなことを言っているだけなんだ、と言い聞かせる。でも、しんどい。

1.「<u>本気で驚いている</u>」とあるが、なぜか。
A. 妻が自分で花見に行くから
B. 妻がそとでお酒を飲むから
C. 自分が花見に誘われなかったから
D. 自分が夕飯を作れと言われたから

2.「フラッシュバックする」はここではどういう意味か。
A. 想像する　　　　　　　　B. 浮かび上がる
C. 撮影される　　　　　　　D. ひっくり返る
3.「どなりだした」とあるが、なぜどなりだしたのか。
A. たまには土日は仕事をやめてほしいと妻が言ったから
B. たまには土日は外食をしてほしいと妻が言ったから
C. たまには土日は家族のためにご飯を作ってほしいと妻が言ったから
D. たまには土日の昼ご飯を自分で用意してほしいと妻が言ったから
4.「それか」はここではどういう意味か。
A. それから　　　　　　　　B. それでも
C. それでは　　　　　　　　D. それとも
5.「大嫌いだ」とあるが、何が大嫌いなのか。
A. コツコツ働いている夫のこと
B. 夫に感謝している自分のこと
C. 話し合ってくれない夫のこと
D. 人に頼って生きている自分のこと

（2018 大学日语六级阅读）

词语解析

メール⓪　短信，邮件

本気(ほんき)⓪　认真，真实

驚(おどろ)く③　吃惊，惊讶

心底(しんそこ)①⓪　心底，内心深处

うんざり③　厌烦，腻

悪阻(つわり)⓪　孕吐

ひどい②　厉害，严重

フラッシュバック⑤　闪回，倒叙

枕元(まくらもと)③　枕边

仕込(しこ)む②　准备

献立(こんだて)⓪　菜单，菜谱

辛い①② 痛苦，难受

持ちかける④⓪ 开口，说起

けんまく① 怒气冲冲，气势汹汹

怒鳴る② 大声喊叫，吼，大声训斥

口答え③⓪ 还嘴，顶嘴

喧嘩⓪ 吵架，争吵

口下手⓪ 嘴笨，不善言谈

真面目⓪ 认真，老实

コツコツ① 孜孜不倦，坚持不懈，勤奋

話し合う④ 谈话，商量

言い聞かせる⑤ 劝说，劝告

しんどい③ 费劲，吃力，疲劳

语法解析

～が

[意思]
用于连接两个对立的事物，表示前后内容相互对立，或后面产生的结果与前面预想的结果相反。可，但；虽然……但是……。

[接续]
N/Na（だ）＋が
A/V＋が

[例句]

・「5時くらいまで。3時間くらいだよ」と伝えたがそれでも納得していない表情。
（我告诉他："到5点左右，也就是3个小时吧。"但他还是一副不愿接受的表情。）

・話し合いたいことはたくさんあるがこんな人と話したくもない。（想说的话很多，但不想和这样的人谈话。）

- このラーメンは辛いが、美味しい。（这碗拉面虽然很辣，但是好吃。）

- 難しいですが、頑張ります。（虽然很难，但我会加油的。）

- お金は重要だが、時間も大切だ。（钱很重要，但时间也很重要。）

～ておく

[意思]
表示事先做好准备。（事先）做好……。
[接续]
V-て ＋ おく
[例句]

- 土曜や日曜の仕事の日は、夫と子供たちのお昼ご飯を前の日から仕込んでおく。（在周六和周日，我会在前一天为丈夫和孩子们准备好午餐。）
- 後で友達が家に来るから、掃除しておきます。（等下朋友要来家里，我先打扫一下。）
- 来週、中間テストがあるから、単語を復習しておく。（下周有期中测试，我先复习下单词。）
- 来月、東京に行くから、ホテルを予約しておきます。（下个月要去东京，我先订好酒店。）

～代わりに

[意思]
表示由另外的人或物替代的意思，也可以表示就某事而言，既有可取的一面，也有不可取的一面。代替，相反。
[接续]
Nの ＋ 代わりに
V ＋ 代わりに
[例句]

- それか俺の代わりに働いてこい！（要不，你替我去上班！）

- 今日は田中先生のかわりに、私が教えます。（今天我代替田中老师来教。）

- 最近はお店で服を買うかわりに、インターネットで買う人が増えてきている。（如今，越来越多的人在网上而不是商店里购买衣服。）

- スイカがなかったので、かわりにメロンを食べた。（因为西瓜没有了，我吃了蜜瓜。）

～おかげで

[意思]

一般用于因为某种原因、理由导致好的结果，也用于不好的结果，多带讽刺意味。多亏，幸亏，由于，托您的福……。

[接续]

Nの ＋ おかげで
Naな ＋ おかげで
A/V ＋ おかげで

[例句]

- 誰のおかげで飯が食えてるんだ！（你托谁的福能吃到饭啊！）

- 君のおかげで助かりました。（幸亏有你，我得救了。）

- 毎日、日本人の友達と話したおかげで、日本語が上手になりました。（多亏了每天和日本朋友聊天，我的日语变好了。）

- 一生懸命頑張ったおかげで、いい会社に就職することができました。（亏得以前努力了，终于在一家好公司找到一份工作。）

- 君がミスしてくれたおかげで、全部やり直しだよ。（托你出错的"福"，要全部重做呀！）

练 习

以下の言葉や文法を使って、1つの文を作りなさい。/请用下列词汇和短语造句。

1. 日本語の勉強・難しい・楽しい（～が）

2. 会議・資料・コピー（～ておく）

3. 印鑑・サイン・構う（～代わりに）

4. 薬・飲む・元気・なる（～おかげで）

　　樱花盛开的星期天，我给朋友发了短信，说要带着喜欢的食物和酒去赏花。"我现在就出发啊！"午饭后，我对丈夫说。"啊！那样的话，不能马上回来吧？"他真的很吃惊。我告诉他："到5点左右，也就是3个小时吧。"但他还是一副不愿接受的表情。我从心底感到厌烦。他大概是担心晚饭会晚吧。
　　我突然回想起怀第一个孩子时的情景，当时因为孕吐，难受得躺在床上。丈夫走到床边说：
　　"喂，今天我吃饭可怎么办？"
　　在周六和周日，我会在前一天为丈夫和孩子们准备好午餐。先拟好菜单，吃完晚饭后还要买菜做饭，这让我越来越难受。我对丈夫说，他要是能偶尔说句"我来准备就行了"之类的话就好了。丈夫却怒气冲冲地大吼起来：我为什么周六、周日要工作？你要顶嘴就滚出去！要不，你替我去上班！
　　吵架的时候，他总是说：你托谁的福能吃到饭啊！
　　的确，我靠他活着。丈夫不善言辞，努力工作，我们才有今天，对此我很感激，但是也很恨他。想说的话很多，但不想和这样的人谈话。
　　我也劝自己，明明很幸福，只是有些想法太奢侈。但是，真的太累了。

読解/阅读 42

　　中学生にもなれば、うまくいかないこともいっぱいあると思います。勉強、部活、友達関係などをはじめ、大きくなればなるほど、子どもの人生には<u>壁が立ちはだかります</u>。しかしそのたびに、保護者が先回りして「こうしなさい」と答えを教え、「教えたんだから頑張りなさい」と責めてしまっては、子どもの頑張り抜く力はなかなか身につきません。
　　したがって、子どもに失敗させないための<u>先回り行動</u>よりも、本人にかかわることはできるだけ本人に決断させ、その実現のための行動を継続的に励ましてあげることが、あきらめない心を育てるために、より大事なのではないでしょうか。

とはいえ、たとえば結果が出なかった時に、「あきらめないでよく頑張ったね」とほめるのは、とても難しいです。しかし、長い人生、第一志望を全部クリアできる人はほとんどいないでしょう。失敗を経験して、そこから学ぶこともたくさんありますし、大きな糧になります。小学生や中学生のうちは、人生を左右するほどの大きな失敗は経験していないと思いますが、高校受験からは失敗も糧にするという考えを持たせてあげてほしいです。

1.「壁が立ちはだかります」とはどういう意味か。
A. 壁の向こうには未来がある
B. 壁にぶつかる勇気が必要だ
C. 障害を乗り越える機会がある
D. 障害となるものが前方に存在する
2.「先回り行動」とあるが、具体的にどんな行動を言っているのか。
A. 子供が事前に保護者に報告すること
B. 保護者が事前に子供に教えておくこと
C. 子供が事前に保護者の行動を真似ること
D. 保護者が事前に子供の行動を励ましてあげること
3.「糧」とあるが、ここではどういう意味か。
A. 知識　　　　　　　　　B. 食糧
C. 力づけるもの　　　　　D. 動機づけるもの
4. 筆者は中学生の「失敗」についてどう思っているか。
A. 失敗は子供のやる気を奪ってしまう
B. 失敗からいろいろと学ぶことができる
C. 失敗しないように保護者が注意してあげるべきだ
D. 中学生だから、失敗などを経験させないほうがいい
5. この文章は何について書かれているか。
A. あきらめずに頑張り抜く力の育成法
B. 子供を励ましてあげる方法
C. 保護者としての失敗談
D. 子供の失敗回避法

（2017大学日语六级阅读）

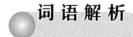

うまい②　好，高明

立ちはだかる⑤⓪　阻挡，拦住，挡住

先回り③⓪ 抢先（到达），捷足先登

頑張り抜く⑤ 坚持到底

したがって⓪ 因此，因而，所以

とはいえ① 虽然这么说，虽说如此，尽管这样

クリア② 清楚，清晰；突破，解决

糧② 精神食粮

语法解析

～をはじめ

[意思]
先举出有代表性的事物，然后再列举相同的事物。以……为首，以及。

[接续]
N ＋ をはじめ

[例句]

- 勉強、部活、友達関係などをはじめ、大きくなればなるほど、子どもの人生には壁が立ちはだかります。（随着年龄的增长，学习、社团活动、交友等生活中的障碍也越来越多。）

- 彼女はピアノをはじめ、ギター、バイオリンなど多くの楽器を演奏できる。（她主要弹钢琴，也能演奏吉他、小提琴等多种乐器。）

- 日本の伝統芸能としては、歌舞伎をはじめ、生け花、能などが挙げられます。（日本的传统技艺包括歌舞伎、插花、能乐等。）

- 両親をはじめ、たくさんの人が私を応援してくれた。（父母之外，还有很多人都给了我支持与帮助。）

～たびに

[意思]
表示反复发生某事。每，每次。

［接続］
Nの ＋ たびに
V-る ＋ たびに
［例句］

- しかしそのたびに、保護者が先回りして「こうしなさい」と答えを教え、「教えたんだから頑張りなさい」と責めてしまっては、子どもの頑張り抜く力はなかなか身につきません。（每当这时，家长就会抢先告诉答案："这样做吧。"然后责备他们说："都教了你了，要加油啊!"这样的话，孩子很难获得尽力解决问题的能力。）

- 私は旅行のたびに、その地域の人とできるだけコミュニケーションをとるようにしている。（我每次旅游的时候，都会和当地人尽可能地交流。）

- この曲を聞くたびに、その時のことを思い出す。（每当听这首曲子的时候，就会想起那时的事。）

- 父は海外に行くたびに、たくさんお土産を買ってきてくれる。（父亲每次去国外，都会带很多特产回来。）

～に関わる

［意思］
表示"影响到……"或"关系到……"的意思。关系到……，涉及……。
［接続］
N ＋ に関わる
［例句］

- 子どもに失敗させないための先回り行動よりも、本人にかかわることはできるだけ本人に決断させる。（与其先发制人地防止孩子犯错，不如尽量让他们自己做决定。）

- 命に関わる病気ではないので、安心してください。（不是危及生命的病，请放心。）

- 将来は教育に関わる仕事がしたいです。（将来想从事教育相关的工作。）

- 彼は汚職事件に関わって逮捕された。（他涉及贪污事件被逮捕了。）

～になる

［意思］
表示状態変化，A状态发生改变，变为B状态。变为……，变成……，成为……。

［接続］
N/ Na ＋ になる
A - く ＋ なる

［例句］

・失敗を経験して、そこから学ぶこともたくさんありますし、大きな糧になります。
（经历失败，从中可以学到很多东西，失败也会成为丰富的精神食粮。）

・今年、二十歳になりました。（我今年20岁了。）

・5年前に比べて、この街は賑やかになりました。（和5年前相比，这条街变热闹了。）

・暗くなってきましたね。そろそろ帰りましょうか。（天暗下来了，准备回家吧。）

～のうち

［意思］
表示限定范围。……当中，……中。

［接続］
N ＋ のうち

［例句］

・小学生や中学生のうちは、人生を左右するほどの大きな失敗は経験していないと思います。（我觉得小学生和初中生应该不会经历足以影响一生的失败。）

・この五つのうちから好きなものを選んでください。（请在这五个当中选一个喜欢的。）

・宮崎駿が監督した映画のうちで、一番好きな映画はどれですか。（宮崎骏导演的电影，你最喜欢哪一部？）

・このクラスのうちで最も勤勉な人は李さんです。（这个班里最用功的是小李。）

练习

以下の言葉や文法を使って、1つの文を作りなさい。/请用下列词汇和短语造句。

1. 今年・マレーシア・東南アジア・各国・旅行する（〜をはじめ）

2. 引っ越し・荷物・増える（〜たびに）

3. プライバシー・こと・教える（〜に関わる）

4. 週末・雨・ピクニック・中止（〜になる）

5. 三つ・一番・気に入る・どれ（〜のうち）

译文

　　上了初中，肯定会有很多不顺利的事。随着年龄的增长，学习、社团活动、交友等生活中的障碍也越来越多。每当这时，家长就会抢先告诉答案："这样做吧。"然后责备他们说："都教了你了，要加油啊！"这样的话，孩子很难获得尽力解决问题的能力。

　　因此，与其先发制人地防止孩子犯错，不如尽量让他们自己做决定，并不断鼓励他们去实现这些决定，培养他们永不放弃的精神。

　　话虽如此，但在对方没有取得成果的时候，称赞对方"没有放弃，很努力"是非常困难的。然而，在漫长的人生中，几乎没有人能够完全满足自己的第一志愿。经历失败，从中可以学到很多东西，失败也会成为丰富的精神食粮。我觉得小学生和初中生应该不会经历足以影响一生的失败，但是从高中入学考试开始，要让他们有这样的想法：失败也是一种养料。

読解/阅读43

　　子どもに食事のマナーを教えるときは、「○○すべきである」「○○しなくてはならない」というように、自分の考え方を押しつけるのでは子どもたちは納得しません。子どもたちは、「美しい食べ方をしていると、人から『素敵だ』とか『かっこいい』とか

思われる」という体験を通して、美しいマナーの意味を納得するのです。

　それには、家庭や学校などの集団の中で、子ども自身に自分のありようを意識させることです。そして、きれいで美しい食べ方ができたときには「きれいに食べられたね」「かっこよく見えるよ」と褒めてあげましょう。

　子どもは褒められたことで「またこのようにしてみよう」と思います。こうして美しいマナーが習慣となり、その場に応じた美しい自己のふるまいを身につけていくことができるのでしょう。

　ところで、皆さんは食事のマナーが成立するには「他者との関係」が不可欠であることにお気づきでしょうか。

　人は人前で食事をするとき、1人で食べるよりもそれなりに整った食べ方をしようとするものです。それは「自分をよく見せたい、人からよく（　ア　）」という気持ちが根底にあるからです。だから食事のマナーを身につける必要性が自然に生ずるのです。

　一方、1人で食事をとるときは、食事のマナーを感ずることが少ないのではないでしょうか。近ごろの家庭に多く見られる「子どもの孤食」は、子どもに適切なマナー観を身につけさせるという意味においても考慮すべき問題であると言えるのです。

1. 文中の「それ」は何を指すか。
A. 家庭や学校などで子どもを褒めてあげる
B. 親に美しいマナーの意味を納得させる
C. 親が自分の考え方を子どもに押しつける
D. 子どもに美しいマナーの意味を納得させる

2. 「自分のありようを意識させる」とあるが、意識するのは誰か。
A. 親　　　　　　　　　　　　　B. 子ども
C. 皆さん　　　　　　　　　　　D. 他者

3. 文中の（　ア　）に入るのは次のどれか。
A. 見たい　　　　　　　　　　　B. 見せたい
C. 見られたい　　　　　　　　　D. 見せられたい

4. 子どもに食事のマナーを身につけさせるために筆者がすすめているのは次のどれか。
A. マナーの意味を子どもに覚えさせる
B. 家庭や学校で子どもにマナーを教える
C. 子どもに1人で食事をさせるようにする
D. 子どもが美しく食べたときに褒めてあげる

5. 子どもが1人で食事をする「孤食」について、筆者はどのように考えているか。
A. 1人で食事をしていると美しいマナーが身につきやすい
B. 1人で食事をしていると美しいマナーが身につきにくい
C. 1人で食事をとるときは、食事のマナーが覚えられる
D. 1人で食事をとるときは、食事のマナーが守られる

（2022 大学日语六级阅读）

词语解析

マナー① 礼仪，礼节

押し付ける④ 强加于人，硬推给人

納得⓪ 理解，领会；信服，同意，赞成

かっこいい④ 帅，酷，潇洒

有り様③⓪ 实际状态，状况

振る舞い⓪③ 行为，举止

不可欠② 不可欠缺，必不可少

根底⓪ 基点，根本，根底

生ずる/生じる⓪③ 发生，产生

感ずる/感じる⓪ 感受到，意识到

孤食/個食⓪ 一个人吃饭，独自吃饭

语法解析

～に応じて／に応じた

[意思]
表示根据各种不同条件、情况、要求、希望等，去做与此相适应的事情。根据……，按照……。

[接续]
N ＋ ～に応じて／に応じた

[例句]
・こうして美しいマナーが習慣となり、その場に応じた美しい自己のふるまいを身

につけていくことができるのでしょう。（这样一来，优雅的举止就会成为习惯，孩子们就会知道，什么是与场合相称的良好行为。）

・このレストランは季節に応じてメニューが異なるから面白い。（这家餐厅会根据季节变更菜单，很有意思。）

・人は年齢に応じた運動をするべきだ。（人应该按照年龄做适合的运动。）

・お好みに応じて塩コショウを加えて召し上がってください。（请根据个人口味加入盐和胡椒粉。）

・お客様の予算に応じた旅行プランをご案内いたします。（我们会根据顾客的预算，介绍相应的旅行方案。）

～なりに

[意思]
表示与其相应的状态。与……相适，那般，那样。

[接续]
N ＋ なりに
Na ＋ なりに
A-い ＋ なりに
V ＋ なりに

[例句]

・人は人前で食事をするとき、1人で食べるよりもそれなりに整った食べ方をしようとするものです。（当人们在他人面前进餐时，会努力使自己的进餐方式比独自进餐时更得体。）

・自分なりに頑張ってみたが、だめだった。（我尽力了，但还是不行。）

・貧しいなりに努力して生活しています。（尽管生活贫困，我们仍在尽力谋生。）

・子供も子供なりの悩みがある。（小孩也有小孩的烦恼。）

・広い部屋は広いなりのデメリットがある。（宽敞的房间也有宽敞的缺点。）

～ものだ

[意思]

表示本能，多用于对真理、普遍性事物等带有某种感慨的叙述。本来就是……，就该，就是。

[接续]

Naな ＋ ものだ

A-い ＋ ものだ

V ＋ ものだ

[例句]

・人は人前で食事をするとき、1人で食べるよりもそれなりに整った食べ方をしようとするものです。（当人们在他人面前进餐时，会努力使自己的进餐方式比独自进餐时更得体。）

・人の心は、なかなか分からないものだ。（人心难测。）

・人の前でスピーチするのは緊張しやすいものだ。（人前发言本来就容易紧张。）

・授業を休むときは先に連絡するものだ。（如果不能来上课，应该事先联系。）

练习

以下の言葉や文法を使って、1つの文を作りなさい。/请用下列词汇和短语造句。

1. 相手・接し方・変える（～に応じて/に応じた）

2. 学生・悩み・ある（～なりに）

3. 仕事・休む・とき・連絡（～ものだ）

译文

教孩子吃饭的礼仪时，如果把自己的想法强加于人，比如"你应该……"或"你必须……"，孩子们是不会信服的。可以告诉他们，"吃相好看时，别人就会觉得你'很

酷''很帅'",通过这种体验,孩子们才能理解礼仪的意义。

　　这样做是让孩子意识到,自己生活在家庭或学校等集体之中。然后,当他们讲究卫士、吃相优雅时,就表扬他们:"你吃得很优雅啊""看起来很帅哦"。

　　孩子会因为表扬而想"再试一次",这样一来,优雅的举止就会成为习惯,孩子们就会知道,什么是与场合相称的良好行为。

　　顺便提一下,你是否注意到,"与他人的关系"对于遵循用餐礼仪至关重要?

　　当人们在他人面前进餐时,会努力使自己的进餐方式比独自进餐时更得体。那是因为他们潜意识下"想让自己看起来更好,想让别人看到更好的自己"。因此,掌握用餐礼仪的必要性就自然而然地产生了。

　　另一方面,当你一个人吃饭时,你可能觉得没有必要遵循得体的饮食礼仪。为了让孩子们树立良好的礼仪意识,最近,孩子们在家里独自吃饭的现象需要引起重视。

読解/阅读 44

　　育児や介護といった各家庭の事情に対応しやすい<u>在宅勤務</u>は、人材不足が懸念される企業にとって、女性やシニアなどの潜在的な労働力確保策として注目されています。育児や介護などがない一般の従業員にとっても、満員電車通勤からの解放、ストレス軽減や移動時間の削減、これによる生活の質の向上や生産性向上などのメリットが挙げられます。

　　在宅勤務により、働く時間を効率化できるという期待がある一方で、ワーカーからは「仕事のON/OFFが切り替えづらい」「長時間労働になりやすい」という声も聞かれています。これには自宅の設備環境や家族の在宅状況などが関連しているようです。特に首都圏の住宅事情に鑑みると、自宅に書斎などの仕切られたスペースが無い場合も多く、家族がいると仕事モードに入りづらいという声が聞かれます。また、自宅では時間の管理が甘くなりがちなため、（　ア　）傾向があるようです。

　　こういったデメリットにより生産性が下がってしまうとなると、在宅勤務を導入した企業にとっては本末転倒です。これを回避できる選択肢として「<u>サードプレースオフィス勤務</u>」があります。例えばじっくり集中したい作業があるとき、家族のいる自宅よりも、自宅に近いサテライトオフィスなどの利用が効率的かもしれません。<u>都心のオフィス</u>までの通勤時間も短縮でき、時間の効率化と生産性の向上が期待できます。また、カフェなどでモバイルワークをする際に懸念される情報セキュリティーのリスクがクリアできる点も、企業にとっては大きなメリットでしょう。

1.「在宅勤務」のメリットは次のどれか。
　A. 移動時間の削減　　　　　　B. 情報セキュリティーの向上
　C. 労働時間の短縮　　　　　　D. 勤務環境の整備

2. (ア)に入るものは次のどれか。
 A. 生産性が高くなる　　　　　　B. 長時間労働になりやすい
 C. 仕事の効率が上がる　　　　　D. 家族と一緒にいる時間が増える
3. 「サードプレースオフィス」とはどんなところか。
 A. 家族のいない自宅　　　　　　B. 職場に近いオフィス
 C. 自宅の近くにある喫茶店　　　D. 職場や自宅以外で仕事ができる場所
4. 「都心のオフィス」はここではどこを指すか。
 A. サテライトオフィス　　　　　B. 他人の会社のオフィス
 C. 自分の勤めている会社　　　　D. モバイルワークができるカフェ
5. 筆者はカフェなどで仕事する場合のデメリットを何だと言っているか。
 A. 仕事の効率が下がる　　　　　B. 通勤時間が長くなる
 C. 余計な費用がかかる　　　　　D. 情報セキュリティーの問題がある

（2022 大学日语六级阅读）

词语解析

在宅勤務⑤　在家办公，居家办公

シニア①　老年

注目⓪　注视，关注

介護①　护理，看护

メリット①　好处，优点

ワーカー①　工作者，劳动者，上班族

切り替える④③　变更，改换

鑑みる④　鉴于，参照

書斎⓪　书房

仕切る②　隔开，间隔开

スペース②　空间，场所

モード①　模式，样式

甘い⓪　不严格，不严厉

デメリット②　缺点，短处

本末転倒① 本末倒置

サードプレースオフィス⑧ 第三方办公室

じっくり③ 慢慢儿地，踏踏实实地

サテライトオフィス⑥ 卫星办公室

短縮⓪ 缩短，缩减

カフェ① 咖啡馆

モバイルワーク⑤ 移动式工作

セキュリティー② 安全，安全措施

リスク① 风险，危险

クリア② 克服，解决

语法解析

～一方で

[意思]

表示对比，用于并列叙述两个完全对立的事物，后面多带表示逆接的表达方式。一方面……另一方面……。

[接续]

V-る ＋ 一方で

[例句]

- 在宅勤務により、働く時間を効率化できるという期待がある一方で、ワーカーからは「仕事のON/OFFが切り替えづらい」「長時間労働になりやすい」という声も聞かれています。（虽然居家办公可以提高工作效率，但也有不少上班族表示，"上下班状态很难切换""容易变成长时间工作"。）

- オンラインでの売り上げが上がる一方で、店舗での売り上げが落ちている。（一方面在线营业额上升，但另一方面店面的营业额在下降。）

- 彼は歌手である一方で、俳優としても活躍している。（他是歌手，但作为演员也很活跃。）

・会議では自分の意見を言う一方、他の人の意見も聞かなければなりません。（会议中一方面要表达自己的意见，另一方面也必须听取他人的意见。）

～づらい

[意思]
表示难以做到某事。多用于表示"精神上、肉体上的负担"。很难……，难以……。

[接续]
V_R－＋づらい

[例句]

・仕事のON/OFFが切り替えづらい。（上下班状态很难切换。）

・家族がいると仕事モードに入りづらいという声が聞かれます。（有人表示，如果家人在场，就很难进入工作状态。）

・この小説の文字は小さくて読みづらい。（这本小说字太小，难以阅读。）

・1月で会社を辞めようと思っているんだけど、何だか言いづらいなぁ。（我想1月份辞职，但总觉得不好意思开口。）

・この靴はヒールが高くて、歩きづらい。（这双鞋的鞋跟太高了，走路不方便。）

・今日は早く帰りたいけど、みんな仕事をしているので帰りづらいなぁ。（今天想早点回去，但大家都在工作，好难为情啊。）

～となると

[意思]
前接短句，表示"如果发生……情况"的意思。如果……，要是……。

[接续]
N/Na（だ）＋となると
A/V＋となると

[例句]

・こういったデメリットにより生産性が下がってしまうとなると、在宅勤務を導入した企業にとっては本末転倒です。（如果因为这些不利因素而降低了工作效率，那

么对于引入居家办公的企业来说，就本末倒置了。）
- 大型台風が上陸するとなると、周辺の農作物にかなり影響が出るだろう。（大型台风登陆的话，会对周边的农作物产生很大的影响。）
- 子供が中学生となると、母親より友達のほうを大事にするだろう。（孩子一旦成为初中生，可能会把朋友看得比母亲更重要。）
- 将来もらえる年金が減るとなると、今のうちにしっかりと貯金しておかなければならないだろう。（如果将来领到的退休金会减少，那么现在就必须好好存钱。）

练 习

以下の言葉や文法を使って、1つの文を作りなさい。/请用下列词汇和短语造句。

1. 楽しいこと・多い・不安なこと（〜一方で）
2. スマホ・機能・使う（〜づらい）
3. 本番・さすが・緊張する（〜となると）

译 文

　　居家办公可以很容易地适应个人家庭的情况，如育儿和护理等。对于担忧人才短缺的企业来说，居家办公作为一种确保潜在劳动力（包括妇女和老年人）的措施，正在引起关注。对于那些没有育儿或护理责任的员工来说，居家办公也能带来一些好处，比如不用乘坐拥挤的电车上下班，减轻了压力，减少了出行时间，因而提高了生活质量和工作效率。

　　虽然居家办公可以提高工作效率，但也有不少上班族表示，"上下班状态很难切换""容易变成长时间工作"。这似乎与家庭设施环境或家人是否在家等状况有关。特别是考虑到东京都的住房情况，有很多人家里没有书房等隔断空间，因此有人表示，如果家人在场，就很难进入工作状态。另外，在家对时间的管理也比较宽松，反而有长时间工作的倾向。

　　如果因为这些不利因素而降低了工作效率，那么对于引入居家办公的企业来说，就本末倒置了。避免这种情况的一个办法是"第三地办公"。例如，当有工作需要集中精力处理时，使用离家较近的卫星办公室可能比在家与家人一起办公更有效率，也能减少往返市

中心办公室的通勤时间，从而提高效率和生产率。另外，还可以消除在咖啡厅等地进行移动办公时可能产生的信息安全风险，这对企业来说也是一大好处。

読解/阅读 45

　　アメリカの二世についてこういう話を聞いたことがある。日本生まれの父母を持った二世たちは、日常生活ではしない振る舞いをすると、「そういうことをすると人に笑われる。」「そんなことをすると恥をかく。」と言い聞かされて育つ。だが、やがて彼らはアメリカの社会で成長するにつれて、「他人がどう思おうと知ったことか。自分は自分の道を行く。」という結論に達し、アメリカ人になっていく。この話は、これだけでは説明が不十分であるけれど、日本的思考を端的に表現しているよい例だと思う。

　　一口に「他人の目」と言うけれども、よく考えてみると、これには（　ア　）の意味を与えることができる。一つは世間の人々が見ると、「自分は変なことをしているのではないか？」「笑われるのではないか？」「出過ぎているのではないか？」という一種の卑屈さを伴った、恐れとも言うべき意識であり、もう一つは論理を追って自己の立場を認識した上での、自己を対象化する「他人の目」である。

　　最近、「若者たちは横暴すぎる。」「他人のことを考えない。」「他人の目を意識しない。」といったことが、大人たちの批判の声としてよく聞かれる。この場合、大人たちの批判の多くは、自分たちの過ごしてきた青春時代の青年像とは余りにも違う現代の気ままな若者たちの姿に、かつての抑圧された、常に他人の目を意識しなければならなかった、屈辱にあふれた自己の青春の像を重ね合わせてつぶやく、悔恨と羨望と嫉妬の混じり合ったものが多い。

1.「二世」は誰のことを指すか。
A. 日本で生まれた日本人の子
B. 日本で生まれたアメリカ人の子
C. アメリカで生まれた日本人の子
D. アメリカで生まれたアメリカ人の子
2.「他人がどう思おうと知ったことか」とあるが、どういう意味か。
A. 他人の気持ちを大事にすべきだ
B. 他人がどう思うか、私には関係ない
C. 他人がどう思うか、知らないはずがない
D. 他人の気持ちを知ろうと努力すべきだ
3.（　ア　）に入るのは次のどれか。
A. 一つ　　　　　　　　　　　B. 二つ
C. 三つ　　　　　　　　　　　D. 四つ

4.「他人の目」とあるが、ここでは誰の目を指すか。
A. 両親の目　　　　　　　　　　B. 若者の目
C. 大人の目　　　　　　　　　　D. 自分の目
5.「この場合……が多い」とあるが、この文の意味に合わないのは次のどれか。
A. 大人たちは今の若者たちを悲しく思っている
B. 大人たちは過去の自分を悔しく思っている
C. 大人たちは今の若者たちを羨ましく思っている
D. 大人たちは過去の自分を残念に思っている

（2019大学日语六级阅读）

词语解析

二世① 第二代

振る舞い⓪③ 行为，举止，动作

恥をかく②+① 丢脸

言い聞かす④⓪ 劝说，劝告，教导

端的⓪ 坦率，直截了当；明显，明确

一口② 一句话，简单地说

出過ぎる③ 多事，多管闲事

卑屈⓪ 没有骨气，低三下四

横暴⓪ 专横，蛮横

気まま⓪ 随便，任性

かつて① 曾经

重ね合わせる⑥ 重叠，叠加

呟く③ 嘟囔，嘀咕，唠叨

混じり合う④ 混合，夹杂

语法解析

~につれて

[意思]
表示某事态进展的同时，其他事态也在发展。随着……，伴随……。
[接续]
N ＋ につれて
V-る ＋ につれて
[例句]
- だが、やがて彼らはアメリカの社会で成長するにつれて、「他人がどう思おうと知ったことか。自分は自分の道を行く。」という結論に達し、アメリカ人になっていく。（然而，他们在美国社会长大，是美国人。他们很快就明白：我不在乎别人怎么想，我要走自己的路。）
- 日本語が上手になるにつれて、日本での生活が楽しくなってきた。（随着日语越来越好，在日本的生活也越来越开心了。）
- 日が経つにつれて、暖かくなってきた。（随着日子一天天过去，天气越来越暖和了。）
- 年をとるにつれて、白髪が増えてきた。（随着年龄的增长，白发也越来越多了。）

~ことか

[意思]
表示程度之甚，含有非常感慨的心情。得多么……啊。
[接续]
疑问词 ＋ Naな ＋ ことか
疑问词 ＋ A/V ＋ ことか
[例句]
- 他人がどう思おうと知ったことか。（我怎么会知道别人是怎么想的？）
- 久しぶりに会う友人との再会は、どれだけ嬉しいことか。（和好久不见的朋友重逢，

是多么开心的事啊。）

- 普通の生活を送れることがどれだけ幸せなことか。（能过普通生活是多么幸福的事啊。）

- 自分は正しいと思うことが、どんなに傲慢なことか。（自以为是，这是多么傲慢啊。）

～上で

［意思］
表示前项事物是后项事物发生的前提条件。在……上，在……之后。
［接续］
Nの ＋ 上で
V-た ＋ 上で
［例句］

- もう一つは論理を追って自己の立場を認識した上での、自己を対象化する「他人の目」である。（另一种是追求逻辑，通过"别人的目光"客观认识自己，坚持自己的立场。）
- 契約内容をしっかりご確認の上で、サインをお願いします。（请好好确认合约内容之后，再签字。）
- 進学のことは親と話し合った上で、決めます。（升学的事和父母商量了之后再决定。）
- こちらの商品は、きちんと取扱説明書を読んだ上で、使用してください。（使用本产品前，请仔细阅读说明书。）

あまりにも/～あまり/～あまりに

［意思］
表示程度非常高。过度……，过于……，太……。
［接续］
Nの ＋ あまり/あまりに
Naな ＋ あまり/あまりに

A ＋ あまり/あまりに
V-る ＋ あまり/あまりに

[例句]

・自分たちの過ごしてきた青春時代の青年像とは余りにも違う現代の気ままな若者たちの姿。（现在任性的年轻人与他们自己青春时代的形象不合。）

・緊張のあまり、上手にプレゼンテーションができなかった。（太紧张，没能好好地演讲。）

・綺麗なあまり、一目惚れしてしまった。（太漂亮了，一见钟情。）

・母は一人暮らしの私を心配するあまり、毎日電話をかけてくる。（我一个人生活让母亲很担心，她每天打电话来。）

・あまりにも遅いから、事故にでもあったのかと心配したよ。（太晚了，我还担心是不是出事故了呢。）

练习

以下の言葉や文法を使って、1つの文を作りなさい。/请用下列词汇和短语造句。

1. 大人・なる・家族みんな・出かける・機会（～につれて）

2. あの事・聞く・どんなに・悲しい（～ことか）

3. 実際・見る・購入する・考える（～上で）

4. 恥ずかしさ・彼・顔・見る（～あまり）

译文

关于美国的第二代，我听过这样的故事。日裔二代，如果他们行为举止出格，父母就会说"那样会被人嘲笑的""那样做很丢脸"。然而，他们在美国社会长大，是美国人。

他们很快就明白：我不在乎别人怎么想，我要走自己的路。虽然这个故事并不能完全说明问题，但我认为它很好地概括了日本人的思维方式。

我们常说"别人的目光"，但如果仔细想想，可以赋予它两种含义。一种是在遭遇"别人的目光"时，人们会想，"我是不是在做奇怪的事情？""会不会被嘲笑？""是不是多管闲事了？"这是一种自卑意识，也可以说是一种恐惧。另一种是追求逻辑，通过"别人的目光"客观认识自己，坚持自己的立场。

最近，经常听到大人们批评说"年轻人太蛮横了""不考虑他人""不在意别人的目光"。他们之所以批判，不过是因为现在任性的年轻人与他们自己青春时代的形象不合。他们自己的青春曾被压抑和羞辱，所以不得不时刻在意他人的目光。两相对比，不难体会出这种批评所夹杂的羡慕、嫉妒和悔恨。

练习参考答案

読解1
1. 教科書だけじゃ/では、足りません。
2. 昨夜は1時間だけ勉強しました。
3. 他人に迷惑をかけるべきではない。

読解2
1. 彼女は顔はもちろん、性格もいいです。
2. 来日とは、「日本に来る」という意味だ。
3. 京都へ行ったら、着物を着てみたいです。
4. お酒は飲むけど、ワインは飲まない。
5. 一人1コずつもらえる。
6. 寿司は苦手で、あまり食べません。
7. 人身事故により、電車が1時間以上遅れています。

読解3
1. 中学生を対象にアンケート調査を行いました。
2. 事故の原因に関して、現在調査が進められています。
3. 彼はこの質問に対して、何も答えてくれなかった。

読解4
1. みんなは教室で勉強している。
2. チケットを買ってきますね。
3. 天安門へ行くなら、地下鉄のほうが便利ですよ。
4. 毎日練習すれば、ピアノがだんだん上手になるでしょう。

読解5
1. 彼の意見に対して、反対の人は手を挙げてください。
2. この高校はアルバイトが禁止となっています。
3. 教室に李さんを探しに行ったところです。

読解6
1. 近くの本屋でペンやノートを買った。
2. 風邪を引いたために、授業を休みました。
3. 私にとって、時間が一番大切である。
4. コーヒーには牛乳しかいれません。
5. 忙しすぎて、遊ぶ時間なんかない。
6. 彼女の名前さえ覚えていない。

読解7
1. 明日はたぶん雨が降るでしょう。
2. 日本は中国ほど大きくないです。
3. 休みの日は、買い物したり、映画を見たりしています。
4. 他人の失敗を笑うものではない。
5. 面白そうな小説ですね。
6. 電車が遅れたものだから、遅刻してしまいました。
7. 卒業したら、帰国するかどうかまだ分かりません。
8. お客様はこちらの会員カードをお持ちでしょうか。

読解8
1. すみませんが、お手洗いはどちらでしょうか。
2. 母にハンカチを買ってあげました。
3. 友達が自転車を貸してくれた。
4. この本を通して、いろんなことが学べる。

読解9
1. 王さんは納豆が食べられる。
2. 留学するために、お金を貯めています。
3. お腹が痛いので、先に帰ってもいいですか。
4. あの人に騙された。
5. 猫が急に飛び出して、びっくりした。

読解10
1. ご飯を食べてから、薬を飲んでください。
2. みんなの日本語って教科書は有名ですか。
3. 日本の文化について教えました。
4. 忘れないように、メモを取っておきます。
5. 息子はやりかけた宿題をおいて、遊びに行ってしまった。
6. 彼女は大学に通いつつ、弟の面倒も見ている。

読解 11
1. 友達とともに日本へ行く予定です。
2. 今日より昨日のほうが暑かった。
3. どうぞ温かいうちに、お召し上がりください。
4. 彼女は多く見ても 30 歳というところだ。
5. 彼は勉強だけでなく、バスケもできる。
6. 最近は食べすぎて、体重がどんどん増えていってしまった。
7. うちの子は毎日遊んでばかりで全然勉強しない。
8. たくさんの方が協力してくださいました。

読解 12
1. この本は火曜日までに返さなければなりません。
2. 来週はずっと雨が降り続けるだろう。
3. 海へ泳ぎに行きたい。
4. 授業中だから、静かにしろ。

読解 13
1. 大学生活は本当に楽しかったなあ。
2. ここから一号門まで歩いてだいたい 20 分ぐらいかかる。
3. 田中さんは来年結婚するとかいう。
4. この漢字の読み方を教えてください。
5. 富士山の高さは 3776 メートルです。

読解 14
1. 最近外食が多くて、野菜が不足がちだ。
2. この漢字はいつ日本へ来たか知っていますか。
3. 寝ることこそストレス解消の方法である。
4. 何だかバラのかおりがする。
5. この電車は人がいっぱいだから、次の電車に乗りましょう。

読解 15
1. 遅刻したのは、電車が遅れたからだ。
2. 私の記憶によると、昔ここは公園だった。
3. このスーパーは買い物するのに便利です。
4. 困ったときは誰かに相談に乗ってもらえばいい。

読解 16
1. 母は私を買い物に行かせた。

2. 一緒に図書館で勉強しませんか。

読解 17
1. 店員さんに道を教えてもらいました。
2. ご飯を食べ終わった時は、ごちそうさまでしたと言います。

読解 18
1. 貧しいながらも、幸せに暮らしている。

読解 19
1. この店は現金でも電子決済でも払うことができる。
2. 教師はいじめを見逃してはならない。
3. 字がよく見えないので、もっと大きくしました。
4. 心配や問題のない人生なんてありえない。

読解 20
1. 天気予報によると、来週はずっと雨だそうです。
2. マクドナルドはカロリーの高いメニューが多いと考えられる。
3. この情報は役立つであろう。

読解 21
1. 早く夏休みが来てほしい。
2. 明日病院に行こうと思っている。
3. 雪が降ったとしても、仕事を休むことができない。
4. 今日は休みだが、暇なわけではない。
5. 今急いでも、間に合わない。
6. 日本語ができるどころか、英語やフランス語も話せる。
7. 次の文章を読んで、以下の質問に答えなさい。
8. 無理をした結果、入院してしまった。
9. 今日は仕事がたくさんあって、飲み会に参加できないかもしれない。

読解 22
1. 旅行の荷物は軽ければ軽いほどいい。
2. 私は結婚しても、仕事をし続けたい。
3. 明日の朝、試験があるので、早く起きなくてはならない。
4. 毎日寝ていては太るよ。

読解 23
1. パーティーに行くか行かないか迷っている。
2. 料理がなかなか上手になりません。
3. 雨だったら、運動会は中止しかない。

読解 24
1. 一人1コずつもらえる。
2. みんな必死に頑張っているんじゃないか。
3. この授業は3回遅刻すると1回欠席としています。

読解 25
1. 春が近づくとともに、少し暖かくなってきた。
2. 毎日練習したからこそ、成功できたのです。
3. 先行研究を踏まえて、論文を書く。
4. 禁煙というのは、たばこを吸ってはいけませんということだ。
5. 英語より日本語のほうが難しいですか。
6. 合格するには、ある程度の勉強が必要だ。
7. あんなまずい料理が食べられるはずがない。

読解 26
1. テーマに沿って、小論文を書きなさい。
2. ただの風邪ですから、心配することはありません。

読解 27
1. あなたの言う通りであります。
2. どの本も気に入らぬ。
3. かばんとか靴とかたくさん買いました。
4. 鄭さんは昨日ばかりでなく、今日も遅刻した。
5. 彼女と違って、私は運転が上手ではありません。
6. 日本ドラマを通じて、日本文化を学ぶことができる。
7. 社会人になってはじめて、責任感を持つようになりました。

読解 28
1. 俺の気持ちなんて分かるものか。
2. あのレストランはいつも人が多いから、人気があるに違いない。
3. どうぞ靴を履いたまま上がってください。

読解 29
1. 良かったら、餃子の作り方を教えてください。
2. タバコはあまり吸わないほうがいいです。
3. 私の希望通り、企画部に異動することができました。
4. N2に合格していないことから、彼は日本に行くことができません。
5. 今日は涼しいというよりも寒いです。

読解 30
1. 彼女の不幸な人生には、同情を禁じ得ない。
2. 以前に比べて、彼のピアノはもっと上手になった。
3. 午後は授業がなさそうです。

読解 31
1. 鳥が山の方から飛んできた。
2. スタバでコーヒーを飲んでいると、大学の友達に会った。
3. 友達から借りたカメラを壊してしまった。
4. 家を出ようとしたら、雨が降ってきた。
5. 掃除して、部屋がきれいになりました。

読解 32
1. 楊さんは彼氏ができたらしい。
2. 道に迷って帰って来られなくなるところだった。
3. 来週海へ行くのだ。
4. なぜ日本の文化に興味があるかというと、日本のアニメが好きだからです。
5. ペットを捨てるのはひどいことだ。
6. 彼女はモデルだから、スタイルがいいわけだ。
7. 明日雪が降るということだ。

読解 33
1. 外から車の音が聞こえる。
2. 日本の映画は字幕を頼りにすれば、理解できる。
3. 来月からダンス教室に通い始める。
4. 傘を持たずに出かけた。
5. せめて皿だけでも洗ってほしい。
6. 朝から夜まで遊びつくした。

読解 34
1. 約束を忘れたなんて信じられない。

2. 彼は歌手として有名だ。
3. 天安門は有名なのだから、外国人にもよく知られている。
4. この計算は大人でもできない。
5. しっかり練習しなければ、演出することができない。
6. できるだけカロリーの高いものを食べないようにしています。

読解 35
1. 車を運転したことがない。
2. 短所のない人は存在するだろうか。
3. 毎日運動しているのに痩せません。
4. このテストは、辞書を使ってもいいです。
5. 今日は日曜日だから、休みのはずだ。
6. もし雨が降ったら、運動会は中止です。
7. あの子供は1000メートル以上泳ぐことができる。
8. これは事実なのである。

読解 36
1. 天気がだんだん暖かくなってまいりました。
2. 先生はもう帰ったと思う。
3. 来月から長期で中国へ出張することになった。
4. 彼女の母親は有名な作家だと言われている。

読解 37
1. このリンゴを食べやすい大きさに切ってください。
2. この部屋には決して入ってはいけません。

読解 38
1. 彼は正社員ではなく、バイトさんだ。
2. うちの子はやっと一人で自転車に乗れるようになりました。
3. このパソコンはたまにフリーズすることがあります。
4. このゲームは子供を中心に人気を集めている。
5. 自分の意見を変えるつもりはありません。
6. せめて10人以上は必要です。
7. 音楽を聞きながら散歩している。

読解 39
1. 人生において、一番大切なのは家族である。
2. 斎藤さんという人を知っていますか。

3. あの二人は喧嘩しているようだ。
4. 一年生から日本語をしっかり勉強してきた。
5. 足が痛くて、病院へ行かざるをえない。
6. 過去のこととはいえ、簡単に許すことができない。

読解 40
1. この店は料理がおいしいし、サービスもいいです。
2. 日本全域にわたって台風の影響が出ている。
3. インターネットによって、どこでも映画が見られるようになった。

読解 41
1. 日本語の勉強は難しいですが、楽しいです。
2. 午後会議があるので、資料をコピーしておいてください。
3. 印鑑の代わりに、サインでも構いません。
4. 薬を飲んだおかげで、元気になりました。

読解 42
1. 今年はマレーシアをはじめ、東南アジアの各国を旅行したいと思っている。
2. 引っ越しのたびに、荷物が増える。
3. プライバシーに関わることは教えません。
4. 週末雨だったら、ピクニックは中止になります。
5. この三つのうち、一番気に入っているのはどれですか。

読解 43
1. 相手に応じて、接し方を変える。
2. 学生も学生なりに悩みがある。
3. 仕事を休むときは、必ず連絡するものだ。

読解 44
1. 楽しいことが多い一方で、不安なこともある。
2. スマホの機能が多すぎて、使いづらい。
3. 本番となると、さすがに緊張します。

読解 45
1. 大人になるにつれて、家族みんなで出かける機会が少なくなってしまった。
2. あの事を聞いて、どんなに悲しかったことか。
3. 実際に見た上で購入するかどうか考えます。
4. 恥ずかしさのあまり、彼の顔を見ることさえできなかった。

参 考 文 献

[1] 全国大学日语考试设计组.大学日语四六级考试指南与真题[M].3版.上海:华东理工大学出版社,2023.

[2] 许纬.高考日语10年真题与解析[M].3版.上海:华东理工大学出版社,2023.

[3] グループ・ジャマシイ.日本語文型辞典 改訂版[M].東京:くろしお出版,2023.

[4] 山田忠雄・倉持保男・上野善道・山田明雄・井島正博・笹原宏之.新明解国語辞典[M].8版.東京:三省堂,2020.